Die Tagebücher Johann Heinrich Danckes aus Behnesse 1770-1772

Herausgegeben von

Martin Tamcke
Katja Weiland
Arthur Manukyan

ORTHODOXIE, ORIENT UND EUROPA

Herausgegeben von

Martin Tamcke

Band 7

Herrnhuter Quellen zu Ägypten; Band 3

ERGON VERLAG

Die Tagebücher Johann Heinrich Danckes aus Behnesse 1770-1772

Herausgegeben von

Martin Tamcke
Katja Weiland
Arthur Manukyan

ERGON VERLAG

Bibliografische Information der Deutschen Nationalbibliothek
Die Deutsche Nationalbibliothek verzeichnet diese Publikation in der Deutschen Nationalbibliografie; detaillierte bibliografische Daten sind im Internet über http://dnb.d-nb.de abrufbar.

Gedruckt auf alterungsbeständigem Papier.
Umschlaggestaltung: Jan von Hugo
Satz: Thomas Breier, Ergon-Verlag GmbH

www.ergon-verlag.de

ISBN 978-3-95650-008-4
ISSN 1869-9057

Inhaltsverzeichnis

„Allezeit mit in ihre Kirche zu gehen“

Einleitende Bemerkungen zu den Diarien 1770-1772 des Johann Heinrich Dancke (Danke)

Martin Tamcke

Johann Heinrich Dancke wurde nicht weit von Stade im Land Hadeln (südlich von Cuxhaven) geboren.[1] Der gebürtige Lutheraner trat nach seinem Eintritt in den Militärdienst 1760 in den Niederlanden in näheren Kontakt zur Herrnhuter Brüdergemeine. Am 11. Mai wurde er in die Brüdergemeine aufgenommen. 1766 meldete er sich zum Missionsdienst. Am 3 Mai 1767 wurde er zur Mitarbeit in Ägypten bestimmt, wo Friedrich Wilhelm Hocker sich 1749 erstmals im Rahmen der Persienexpedition der Herrnhuter aufhielt und 1752 dort nun erneut für die Herrnhuter leitend tätig wurde. Im September 1768 reiste der bereits am 21. Juli zum Diakon ordinierte Dancke nach Kairo ab, um dort in die Arbeit der Herrnhuter einzutreten, die sich bewusst der Reform der Koptischen Orthodoxen Kirche verschrieben hatten.[2] Dort blieb er zunächst bei Hocker und Antes (der am 16. Februar 1770 hinzustieß). Dancke begleitete so am 21. März 1769 Hocker zum Patriarchen der Koptischen Orthodoxen Kirche, als Hocker dem die arabische Übersetzung eines Briefes des Direktoriums der Brüderunität zu übergeben hatte. Der Besuch war zunächst vergeblich, auch der Patriarch der Griechischen Orthodoxen Kirche (Melkiten, Patriarchat von Alexandria) war nicht anzutreffen. Seine erste handwerkliche Arbeit war die Herstellung zweier Uhrkasten am 22. März 1769 und am 29. März begann er mit der Herstellung von Hausgeräten. Schon am 3. April findet sich der erste vornehme Gast ein, der sich vergeblich darum bemühte, Dancke als Bediensteten zu verpflichten. Am selben Tag glückte endlich der Besuch beim koptischen Patriarchen. Weitere Besuche beim koptischen Patri-

---

1 Ich folge hier den Ausführungen meines Doktoranden und einstigen Mitarbeiters am Editionsprojekts Arthur Manukyan, Konstantinopel und Kairo. Die Herrnhuter Brüdergemeine im Kontakt zum Ökumenischen Patriarchat und zur Koptischen Kirche. Interkonfessionelle und interkulturelle Begegnungen im 18. Jahrhundert, Orthodoxie, Orient und Europa 3, Würzburg 2010, S. 361-369. Bei unserer Summerschool in Istanbul („Christen in Istanbul“) hielt der Ökumenische Patriarch von Konstantinopel nicht nur den Eröffnungsvortrag, er empfing auch die Göttinger Studierenden zu einer ausführlichen und uns alle beeindruckenden Audienz, während der Manukyan seine Dissertation dem Patriarchen offiziell überreichen konnte, vgl. Martin Tamcke, Zur Situation der Christen in der Türkei und in Syrien, Exemplarische Einsichten, Göttinger Orientforschungen, Reihe Syriaca Band 43, Wiesbaden 2013, S. 1 (in dem Band sind die meisten der Beiträge der Summerschool veröffentlicht worden).

2 Zur Koptischen Orthodoxen Kirche und den anderen koptischen Kirchen, bzw. Kirchen in Ägypten: Martin Tamcke, Das koptische Christentum, in: Jahrbuch der Akademie der Wissenschaften zu Göttingen 2011, Berlin/New York 2012, S. 146-162.

archen folgten. Nun wurden seine Dienste gefragter. Einem französischen Kaufmann etwa fertigte er einen Kleiderkasten an. Bei dessen Fertigstellung am 27. Mai lehnte er weitere Aufträge ab, weil er bereits zu viele Aufträge übernommen hatte. Ein schwieriger Auftrag zur Restauration des Rahmens und der Bildhauerarbeiten zu einer Ikone der griechischen Orthodoxen in Rosetta brachte ihn in Nöte, da er bildhauerisch nicht ausgebildet war. Beim koptischen Patriarchen traf er mit Hocker auch den Erzbischof Johannes der Äthiopischen Kirche. Dem griechischen Patriarchen reparierte er dessen Schreibzeug und sicherte es mit einem Schloss. Doch hatte die Losbefragung längst im August 1769 schon (also ein halbes Jahr vor der Ankunft von Antes) die Brüder zu einer Erkundungsreise nach Oberägypten verpflichtet. Am 25. März 1770 diskutierten die Brüder immer noch, wie denn das Oberägyptenprojekt ins Werk zu setzen wäre. Diese Reise konnte Dancke nun aufgrund der Verstärkung der Gruppe durch Antes endlich antreten. Noch am 3. Juli diskutierten die Brüder erneut über die anstehende Reise, da der Nil bereits anwuchs, verschoben aber die Entscheidung ein weiteres Mal. Die Idee, einen befreundeten koptischen Tischler mit Dancke abzusenden, zerschlug sich. Auch von der Indienstnahme eines „Türken" für die Reise nahmen die Brüder wieder Abstand. Dancke verabschiedete sich am 30. Juli 1770. Antes verabschiedete ihn am Hafen, während Hocker zu geschwächt war, als dass er ihm das Geleit dahin hätte geben können. Antes vermerkt in seinem Kairoer Diarium: „Abends bey Sonnenuntergang ging das Fahrzeug, worauf sich nebst Bruder Dancke wohl noch bey 20 Araber befanden, von Bulac ab, und nachdem ich ihn nochmals herzlich dem Heyland empfohlen, so kehrte ich nach Cairo zurück."[3]

Das vorliegende Diarium beginnt nun bei dieser Abreise im Juli 1770 und endet am 24. September 1772, zu einem Zeitpunkt also, als Dancke bereits schwer erkrankt war und schon seit dem 7. Juli fortgesetzt von einer immer mehr sich verschlimmernden Krankheit gezeichnet war. Auslöser war eine wieder einmal unter schwierigen Umständen überstandene Nacht. Er hatte sich vom 6. auf den 7. Juli nach einem äußerst schlichten Mahl – es „bestand aus einer schlechten Sorte grienes Kraut mit Leinöhl" – unter spartanischen Umständen zur Nachtruhe begeben: „Darnach legte ich mich auf die platte Erde ein wenig zur Ruhe, denn ich hatte nichts unter mich zu legen noch wo ich mich zudecken konnte, und weil es des Nachts und insonderheit gegen Morgen sehr kühl wurde, so war ich da ich aufwächte, so steif von Verkältung, daß ich mich kaum rühren konnte, und dabey entstund ein entsetzlicher Durchfall". Der verschlimmerte sich schnell. Bald verlor er Blut. Am 20. Juli 1772 traf Dancke, nunmehr bereits schwer erkrankt, bei seinen Brüdern in Kairo ein.[4] Am 25. Juli feierte man gemeinsam seinen Geburtstag.[5] Hockers Hilfe vermochte nichts mehr am Fortgang der Krankheit zu ändern. Fie-

3 Martin Tamcke, Arthur Manukyan, Herrnhuter in Kairo, S. 79 (Diarium Antes).
4 Martin Tamcke, Arthur Manukyan, Herrnhuter in Kairo, S. 147 (Diarium Antes).
5 Dto.

ber schüttelte ihn.[6] Schmerzlichen Stiche „in der rechten Seite“ suchten ihn heim.[7] Leidlichere Zustände erschienen seinem Bruder Antes wie „Intervalle“.[8] Nachts litt er unter „Aufblähung des Leibes“.[9] Seine Füße schwollen an.[10] Kaum konnte er erstmals einer Singstunde wieder beiwohnen, da raffte es ihn auch schon wieder nieder.[11] Dennoch machte er Besuche[12] und Ausritte[13]. Am 30. September begann er „abzuzehren“[14]Am 6. Oktober starb Johann Heinrich Dancke. Danckes Heimat, Land Hadeln, war Teil des Königreiches Hannover, das in Personalunion mit dem Königreich England vom hannoverschen Königshaus der Welfen regiert wurde. Daher berief sich Dancke stets darauf, Engländer zu sein. Auch seine Ruhestätte fand er dort, wo die Angehörigen der englischen Nation in Kairo bestattet wurden: in einem Begräbnisgewölbe der griechisch-orthodoxen Kirche des Heiligen Georgs in Alt-Kairo, die erst im 19. Jahrhundert dann im Zuge der Erneuerungsbewegung innerhalb des melkitischen Patriarchates von Alexandria von Patriarch Photios (1853-1925, 1900-1925 Patriach) renoviert wurde des Georgsklosters. Dieser Patriarch gründete nicht nur die patriarchale Druckerei und gab griechische Journale heraus.[15] Zu dieser Zeit öffnete sich das Patriarchat auch erneut der Ökumene. Der Patriarch nahm so an der ersten Weltkonferenz für „Praktisches Christentum“ (Life and Order) 1925 in Stockholm teil.[16] Dennoch lassen sich keine Rückbezüge der erneuten Öffnung für Protestantismus und Ökumene bei Photios erkennen. Das Wirken der Herrnhuter scheint längst im Dunkel der Geschichte untergegangen gewesen zu sein. Johann Heinrich Dancke wurde am 7. Oktober nun im Begräbnisgewölbe dieser für das melkitische Patriarchat so wichtigen Kathedrale beigesetzt, weil alle Versuche seiner Mitbrüder, ihn beim koptischen Patriarchat beisetzen zu lassen, einen schwierigen Verlauf nahmen und zuletzt eine für die Brüder zu hohe Geldforderung seitens des Patriarchen eine zwingend notwendige zügige Beisetzung dort unmöglich machte.[17] Danckes Diarium enthält beiläufige Anmerkungen auch zu den großen militärischen Auseinandersetzungen im Land, vorrangig aber berichtet er zu seinem Wirken unter den Kopten in Behnesse. Das Leben

---

6 Martin Tamcke, Arthur Manukyan, Herrnhuter in Kairo, S. 149, 151 (Diarium Antes).

7 Martin Tamcke, Arthur Manukyan, Herrnhuter in Kairo, S. 152, S. 157 (Diarium Antes).

8 Martin Tamcke, Arthur Manukyan, Herrnhuter in Kairo, S. 152 (Diarium Antes).

9 Martin Tamcke, Arthur Manukyan, Herrnhuter in Kairo, S. 152, S. 157 (Diarium Antes).

10 Martin Tamcke, Arthur Manukyan, Herrnhuter in Kairo, S. 153 (Diarium Antes).

11 Martin Tamcke, Arthur Manukyan, Herrnhuter in Kairo, S. 152f (Diarium Antes).

12 Martin Tamcke, Arthur Manukyan, Herrnhuter in Kairo, S. 155 (Diarium Antes).

13 Martin Tamcke, Arthur Manukyan, Herrnhuter in Kairo, S. 155f (Diarium Antes).

14 Martin Tamcke, Arthur Manukyan, Herrnhuter in Kairo, S. 157 (Diarium Antes).

15 Vgl. Wolfgang Hage, Das orientalische Christentum, Die Religionen der Menschheit 29.2, Stuttgart 2007, S. 77; http://orthodoxwiki.org/Photius_of_Alexandria.

16 Hage, S. 77. Zu der jüngeren Geschichte vgl. Martin Tamcke, Konstantin Petrou Kavafis und die Griechen in Ägypten, erscheint im Sammelband der Ringvorlesung zu „Christen in Ägypten“ bei Harrassowitz, Wiesbaden, Herausgeber Heike Behlmer und Martin Tamcke (Göttinger Orientforschungen, IV. Reihe: Ägypten).

17 Martin Tamcke, Arthur Manukyan, Herrnhuter in Kairo, S. 158f (Diarium Antes).

der Kopten an diesem Ort und zahlreichen Orten der Umgebung wird ebenso greifbar wie die zentralen Fragen des interkonfessionellen Dialogs zwischen der protestantischen Brüderunität und den Vertretern der Koptischen Orthodoxen Kirche. Eine Frage des Lebenstiles bewegte die immer wieder: die Frage des Fastens, das der Protestant für unnötig erklärte, um es zugleich doch zu beachten, nur um seinen koptischen Mitmenschen nicht vorschnell Anlaß zur Kritik zu geben. Gleichwohl genügte seine Haltung, die im Fasten ein überflüssiges – zudem noch „verdienstliches" Werk sah –, um seine Gegner mit seiner Steinigung drohen zu lassen. Eine Folge seiner Haltung, die seine etwas verschwommene Zweinaturenlehre in der Christologie, an sich doch das dogmatisch die Konfessionen trennende Hauptlehrstück, nicht hervorrief. Über all dem wird das beschwerliche Reisen (etwa „ein solches Sandgestöber vom Lande, daß wir auf unserem Schiff einer den anderen nicht sehen konnten") geschildert. Mit einem Schiff, auf dem sie tags und nachts wegen Überfüllung nur sitzen und stehen konnten, gab es nur einen unberechenbaren Schiffführer, weshalb das Schiff alsbald auf einer Sandbank festsaß und die Wellen des Nil die Leute völlig durchnässten. Dancke stieg selbst mit aus und zog das Schiff wieder weiter. Anschauung zum damaligen Reisen zu Fuß, auf dem Kamel und mit dem Schiff bietet Dancke in plastischer Weise und macht seinen Bericht schon deshalb lesenswert. Dass darüberhinaus die Informationen zu Behnesse wertvolle Einblicke in das Leben einer koptischen Gemeinde des 18. Jahrhunderts geben, ist fraglos und wird mit den Folgebänden noch intensiver belegt werden.[18]

Innerhalb des dieser Publikation zugrundeliegenden und von der Deutschen Forschungsgemeinschaft geförderten Editionsprojekts war Katja Weiland (damals noch Wicht) mit der Transkription der von Arthur Manukyan in Herrnhut besorgten Handschriften betraut. Sie übernahm auch die abschließende Bearbeitung. Im Unterschied zum vorangehenden Band hat sie ihre Erläuterungen sehr reduzieren müssen. Ihre Erläuterungen hat sie aber, wo sie das für nötig befand, in den Text eingearbeitet. Es ist zum Verständnis sicher sinnvoll, die bereits erschienenen Bände zu konsultieren.[19] Mittlerweile konnten die ersten Bände bei der Abschlussveranstaltung der Ringvorlesung „Christen in Ägypten" dem Bischof der Koptischen Orthodoxen Kirche in Deutschland in einer Feierstunde in Gegenwart einer großen Delegation des Theologischen Institutes der Universität Minsk (Weißrußland) am 11.07.2013 in Göttingen übergeben werden (ein zweiter

---

18 Einen ersten Beitrag dazu lieferte Arthur Manukyan, Das soziale und religiöse Leben der koptischen Gemeinschaft in der zweiten Hälfte des 18. Jahrhunderts am Beispiel von Al-Bahnassa (Oxyrhynchos) in Mittelägypten, in: Martin Tamcke, Orientalische Christen und Europa, Kulturbegenung zwischen Interferenz, Partizipation und Antizipation, Göttinger Orientforschungen, Reihe Syriaca Band 41, Wiesbaden 2012, S. 197-222.

19 Martin Tamcke, Arthur Manukyan, Christian Mauder, Die arabischen Briefe aus der Zeit der Herrnhuter Präsenz in Ägypten 1770-1783, Orthodoxie, Orient und Europa 6, Würzburg 2012; Martin Tamcke, Arthur Manukyan, Herrnhuter in Kairo, Die Tagebücher 1769-1783, Orthodoxie, Orient und Europa 5, Würzburg 2012.

Übergabeakt wurde dann im koptisch-orthodoxen Kloster in Höxter-Brenkhausen tags darauf mit großer öffentlicher Teilnahme vollzogen).[20] Die inhaltliche Vorstellung der Edition hatte dabei Christian Mauder übernommen, der neben Arthur Manukyan und Katja Weiland die gewichtigsten Beiträge im Umfeld des Editionsprojektes geleistet hat.[21]

Arthur Manukyan für seine Vorarbeiten, Katja Weiland für die letztgültige Bearbeitung gebührt Dank ebenso wie dem Verlag für sein anhaltendes Interesse an der Edition.

Dem orthodoxen und dem lutherischen Department der Theologischen Fakultät der Universität Joensuu zugeeignet in Dankbarkeit für die Verleihung des Ehrendoktorats. An der Universität Joensuu hielt ich auf Einladung der Kollegen beider Departments 2004 erstmals eine Vorlesungsreihe zur Geschichte der Interaktion der Herrnhuter mit den Orthodoxen.

---

20 Michael Schäfer, Dialog in Ägypten, Buchvorstellung. Quellen über den Aufenthalt von Herrnhutern bei den Kopten im 18. Jahrhundert, Göttinger Tageblatt vom 16. Juli 2013, S. 18.

21 Auch sein Beitrag erscheint im Sammelband zur Ringvorlesung. Bereits auf der internationalen Konferenz für das christliche Arabisch auf Malta hatte er diesen Part übernommen, hatte zuvor in Halle bei einer Tagung dazu berichtet und befördert nun noch einen Beitrag zu Pilders Lexikon zum Druck (die fortlaufenden Publikationen zum Projekt und seinem Umfeld werden in den nächsten Editionsbänden weiter verzeichnet werden).

Die Tagebücher Johann Heinrich Danckes aus Behnesse:

Der Text

Diarium Behnesse, Johann Heinrich Dancke[1]

[28.7.1770-11.8.1770] [2]

Anfang meines Diariums, betreffend meinen Besuch in Oberegypten und zwar erstlich nach der Stadt Girge.

Nachdem ich mich am 28ten Juli mit meinen lieben Brüdern Hocker und Antes in Cairo nach vorher begangenen Pedilavium[= Fußwaschung] bei einem unbeschreiblich seligen Chorabendmahl aufs seligste erquicket hatte und mich würklich nach Seel und Leib aufs neue gestärket fühlte, so nahm ich den 30. Juli mit der allerempfindlichsten Liebe von meinen lieben Brüdern Abschied und trat nach der Anweisung unseres lieben Herrn mit dem Reys nahmens Haßan meine Reise nach Oberegypten und zwar nach der Stadt Girge an. Bruder Antes begleitete mich bis in Bolak aufs Schiff und da dieser Abschied von mir nahm und wieder zu unserem lieben Bruder Hocker zu‚rück'kehrte [‚rück' eingefügt], sahe ich ihm nach und weinte sehr. Denn ich fühlte mich sehr blöde und unvollkommen zu dieser Reise, wo ich mit lauter Menschen, welche Barbaren, ja mehr denn barbarisch sind, haushalten muste. Ich schlug mir eine Loosung auf, die hieß: „Gott sprach zu Jacop [= Jakob]: „Ich bin Gott, der Gott deines Vaters, fürchte dich nicht, ich will mit dir ziehen. Laß meine Seele Schrit vor[sic; = für] Schrit mit deiner Seele ziehen." Wie mir dabei war, kann ich nicht beschreiben. Es war, als redete unser lieber Herr diese Worte leibhaftig selber zu mir, alle meine Furcht verschwand und ich ward sehr getröstet. Wir blieben noch diese Nacht vor Bolak liegen. Ich und 2 Arabische Schächs, die mich balde lieb krigten und mich auf der ganzen Reise freundlich behandelten, auch sehr geneigt darum waren, mich im Arabischen zu unterrichten, hatten unser Lager miteinander in der Küche. Es waren überhaupt 35 Paßagiers auf unserem kleinen Schiffe, und dahero so voll, daß man sich kaum umdrehen konnte. Läuse und Flöhe gab es die Menge, und weil ich dieselben noch sehr ungewohnt war, konte ich des Nachts gar wenig davor schlafen. Meine Speise und Trank auf der ganzen Reise war Waßer und Brodt und eine Taße Caffe, so wie ihn die Türken trinken, wobei ich mich recht wohl befand.

Den 31. Juli gingen wir des Morgens um 9 Uhr mit gutem Wind unter Segel und affanzierten [sic; wahrscheinl. avancieren = marschieren, vorankommen, emporsteigen] gut. Gegen Abend aber wurde der Wind so stark, daß wir ans Land legen musten, doch gegen Mitternacht konten wir unsere Reise fortsetzen.

Den 1. August stießen wir vormittags auf eine Sandbank und musten über 3 Stunden arbeiten, ehe wir wieder loskamen. Nachmittags paßierten wir Benneschweif, ein hübsches Städtgen und schöne Landesgegend.

---

1 Signatur: R.17.B.12; 1770.

2 Handschrift Dancke.

Den 2. August paßierten wir um Mittag eine eingefallene Stadt, im Arabischen Sirpanye genant, und die Türken erzehlten mir, daß das die Stadt gewesen sey, wo Josepf und Maria mit dem Kindlein Jesu hin geflüchtet waren. Die Stadt hat an der Seite des Nils gegen Morgen an einem sehr felsigen Berg gelegen, und so weit man bergauf sehen kan, stehen die Stadtmauern noch sehr deutlich da. Auch steht noch ein Stadtthor in seiner ganzen Form da, nur daß es von oben eingefallen ist. Von da an behält der Nil meist in einem fort, an der Seite wo erwehnte Stadt gelegen, ein felsigtes und sehr steiles Uffer, doch gibts hier und da Krümmen[= Krümmungen] in den Bergen, wo rechte fruchtbare Inseln und Flächen sind. Diesen Abend paßierten wir die Stadt Minje, allwo ich die ersten cairinischen Soldaten sah und wo auch derzeitig der Ayu Beg residierte.

Den 3. August war ein solches Sandgestöber vom Lande, daß wir auf unserem Schiff einer den anderen nicht sehen konten, welches gegen Abend mit starkem stürmischen Winde so überhand nahm, daß wir ans Land legen, und viel ausstehen musten, denn es wolte einem der Ohtem[sic; = Atem] stehen bleiben. Bey Gelegenheit, daß heute der Reys seinen Spott mit mir treiben, und, da ich noch sehr unvolkommen in der arabischen Sprache war, mit mir von fleischlichen Sachen reden wolte, um dem Volke im Schiff ein Gelächter zu machen, und ich ihm sagte, daß ich an solchen Dingen keinen Gefallen hätte, sondern mein Gott habe mich aus Gnaden davon erlöset, und er möchte lieber solche Gespräche mit seines Gleichen halten, wurde er so entrüstet, daß er vor allem Volke zu mir sagte: „Ich fürchte, daß sich das Volk, weil sie glauben, daß du viel Geld bei dir hast, über dich vereinigen, dich tot schlagen und ins Waßer werfen wird. Was wilst du machen?“ Ich wurde ein wenig perplett[sic; = perlex; verwirtt, verlegen], denn alle barbarischen Gesichter sahen sehr steif auf mich, und von des Reyßens seine Worte hatte ich ein solches Gefühl, daß wenn einer auf mich eingeschlagen hätte, er gewiß der andere gewesen wäre. Mein Herz aber betete zum Heyland, daß Er mir nahe sein und mir Mut und Weißheit schenken möchte. Der liebe Heyland erhörete mich, mein Herz ward vol Trost und Mut und ich antwortete dem Reys so auf seine losen Worte, daß er sich vor allem Volke schämen muste. Und sowohl er als alles übrige Volk krigten von der Zeit an Respect vor mir.

Den 4. August paßierten wir früh die Stadt Monfalut. Auch paßierten wir sowohl heute als die vorigen und folgenden Tage viele arabische Dörfer und Zelte vorbey. Unser Volk krigte heute großen Streit unter sich, der Steuermann sprang ins Waßer und schwum ans Land, doch nach etlichen Stunden brachte ihn ein anderes Schiff wieder bei uns an Bord. Gegen Abend krigten wir wieder Sturm und großes Sandgestöber, so daß wir ans Land legen musten. Es kamen über 100 Araber zu uns ans Waßer und hatten Tobak zu verkaufen. Unser Volk kaufte von ihnen, bei welcher Gelegenheit ein solcher Lärm zwischen beiden Parteyen entstund, daß es zu einem großen Handgefägte[sic; = Handgefechte] kam. Es war mir nicht wohl bei der Sache und ich bat den lieben Heyland mich zu bewahren. Er wendete auch alles gnädig von mir ab, denn es krigten mich etliche Araber zu

Gesicht und fragten den Reys, wer ich wäre, und da ihnen dieser weiß machte, ich sei ein Sginde # [am rechten Rand hinzugefügt: #,ein Soldat'] vom Ali Beg, fürchteten sich die Araber, und gingen so gleich von uns. Der Wind legte sich und wir paßierten Abends Sint. Es war mir diese Tage meine Nase so von der Sonne verbrant, daß mir große Flächen Haut herunter fiel, und ich hatte große Schme'r'zen [,r' eingefügt].

Den 5. August fielen mir mit besonderem Segen in der Frühstunde die Worte aus der Litaney auf mein Herz: „Unserer Geschwister Land- und Ze[sic; = See]reisen segne und behüte. Befiel deinem Engel, daß Er komme und dir bewache dein Eigenthum.“ Es war mir sehr groß und meinem Herzen tröstlich, daß auch ich Armer aus Gnaden unter diejenigen gehörte, vor welche diese Worte heute in der ganzen Gemeine Jesu auf Erden gebetet wurden. Ich schlug mir eine Loosung auf, die hies: „Gott gedachte an Noah.“ Ach, gedenke nahmentlich auch an mich. Der liebe Heyland war mir so nahe, daß ich in etlichen Stunden nicht wuste, daß ich mich unter solchen barbarischen Menschen befand. Nachmittags stießen wir auf eine hohe Sandbank, allwo wir die Nacht über sitzen bleiben musten. Alle Passagiers schwummen ans Land und gingen ein jeder an seinen Ort. Der Reys mit seinen paar Leuten und ich blieben allein.

Den 6. August kamen wir mit großer Mühe und Hülfe anderer Leute wieder los und erreichten abends Achmiem. Hier blieben wir 1 Tag und 2 Nächte liegen.

Den 7. August ging ich in die Stadt. Es sahen mich etliche cairinische Soldaten. Sie riefen mich an und fragten: „Wo kömst du her?“, Antwort: „Aus Cairo.“ Frage: „Hast du Bekante allda?“, Antwort: „Der Englische Medicus ist mein Bruder.“ „Ey“, sagten sie, „Wir kennen ihn wohl, das ist des Ali Beg sein Medicus. Gott segne ihn und vermehre sein Alter. Wir wünschten, daß er bei uns wäre.“ Sie nötigten mich in ihr Logie und bewirteten mich mit einer Tasse Caffe und Pfeiffe Tobak.

Den 8. August früh verließen wir Achmiem und kamen nachmittags etwa um 3 Uhr vor Girge an. Weil aber der Reys vernommen hatte, daß die cairinischen Soldaten alle Schiffe auffingen, um dieselben mit Pferden zu beladen, so blieben wir ein gut Stück von der Stadt liegen und sowohl meine als andere Sachen wurden auf Cameele hineingebracht. Das Cameel aber, worauf meine Sachen mit waren, war so schwer beladen, daß es mitten in der Stadt darnieder fiel, und es gab viel Aufsehens. Weil ich aber ziemlich wie ein coptischer Bauer gekleidet ging, blieb ich unobzerviert [sic; = unobserviert, unbeobachtet]. Ich zog in einer Oquelle[sic; = Quelle?] Scheg Abd el Baging genant. Die Wohnungen waren wohlfeil, aber auch herzlich schlegt[sic; = schlecht], doch war ich froh und dem lieben Heyland dankbar, daß ich unters Dach war. Abends dankte ich meinem getreuen Herrn und Heyland auf meinem Angesicht mit vielen Tränen vor Seine Gnade, Fürsorge und Bewahrung, so ich auf dieser Reise von Ihm erfahren, insonderheit daß Er mir in Seiner Todesgestalt ist nahe gewesen und mein armes Herz in Seinen blutigen Wunden täglich Kräfte, Trost und Labsal hat finden laßen, und empfahl mich Seinem treuen Herzen auf die künftigen Stunden.

Den 9. August besuchten mich ein paar Copten, einer nahmens Sulies Ibrahim und der andere Abd el Meßich, welche in eben dieser Oquelle logierten, wohnhaft zu Behneße, einem alten Städtgen [= Städtchen], welches zwischen Minje und Benne-Schweyf, ein gut Stück vom Nil an der Seite gegen Abend landeinwärts liegt. Sie fragten mich um meiner Religion, bei welcher Gelegenheit ich ihnen die große Liebe ihres Schöpfers, der Sein Leben für sie gelaßen hat, anpriese. Ihre Herzen aber waren wie ein Stein so hart, doch hörten sie mir gerne zu und nötigten mich, mit ihnen nach Behneße zu gehn, weil daselbst viele Copten waren. Sie besuchten mich fleißig und wir aßen und trunken gemeinschaftlich zusammen.

Den 11. August als am Abendmahlstage war ich mit meinem Geiste viel in der Gemeine, noch mehr aber bey meinen lieben Brüdern in Cairo. Der liebe Heyland segnete mein Herz unbeschreiblich mit Seiner lieben Nähe.

So weit mein Diarium, womit ich mich, meine lieben Brüder Hocker und Antes, eurem täglichen Andenken vor unserem lieben Herrn empfehle, und wenn ihr in die lieben Gemeine schreibet, grüßet von mir und empfehlet mich unserer Geschwister Gebeht und Andenken, denn ich habe es nötig.

[12.8.1770-18.10.1770] [3]

Den 12. August besuchte ich die Patres de propagande, welche mich sehr freundlich empfingen, und muste mit ihnen zu Mittag speisen. Sie fragten mich aber weiter nicht um den Zweck meines Hierkommens.

Den 13. August als an diesem großen Gedencktag der Brüder Kirche war mein Geist viel in der lieben Gemeine und der liebe Heyland bekante sich sehr gnädig zu mir, Seinem Einsamen.

Den 15. August kam hier in Girge eine neue und zwar sehr starke Einquartierung cairinischer Truppen und auch die Oquelle, wo ich logierte, wurde ganz von ihnen eingenommen. Alle Kaufleute musten ihre Waren heraus nehmen und viele von denselben krigten noch dazu brav Schläge. Ich befahl mich dem lieben Heyland und stund und sahe, wo es hinaus wolte. Endlich kam ein Otha Baschi [korrigiert aus Basch,a'], welcher auch in diese Oquelle einzog, mit etlichen Soldaten auch vor meine Kammer und sagten: „Schließe auf." Ich war gleich willich[sic; = willig], und da sie hinein sahen, sagten sie: „Wohnest du da?", Antwort: „Ja." „Wo kömst du her?", Antwort: „Aus Cairo". „Hast du Bekante in Cairo?", Antwort: „Der englische Medico ist mein Bruder". Es fanden sich gleich etliche unter ihnen, die den Bruder Hocker kanten und sagten: „Das ist des Ali Begs sein Medico." Und sowohl der Otha Baschi [korrigiert aus Basch,a'] als alle Soldaten sagten gleich ganz einmütig zu mir: „Sitze du unter uns in Friede und fürchte dich vor nichts." Und es hat mich auch würklich die ganze Zeit, die ich

---

3 Bruder Danckens Diarium vom 12ten August bis 18ten October aus Benesse in Oberegypten. Bruder Danckens. ‚Continuation' [durchgestrichen].

unter ihnen gewesen bin, nicht allein niemand von ihnen ein hartes Wort gesagt, sondern ein jeder hat mich aufs freundlichste behandelt. Der Otha Baschi [korrigiert aus Basch,a'] rief mir, nachdem er ein wenig in Ordnung war, zu sich und fragte mich: „Wer besorget dich hier mit Eßen und Trinken?" Ich sagte ihm, auf welch eine Art ich mich in Ansehung dieses eingerichtet habe, worauf er zu mir sagte: „Von nun an hast du, solange wir beisammen sind, nicht mehr nötig vor Eßen und Trinken zu sorgen, sondern du kanst dein Geld ersparen." Und fuhr er fort: „Ich sage dir ein vor alle mahl, daß du dich, es sei, daß wir eßen oder Caffe trinken, nicht verkriechest oder dich hinten ansetzest, sondern setze dich immer hierher vor meinen Augen, damit ich sehe, daß du nicht vergeßen wirst." Ich konte in Wahrheit nicht anders, denn über dieses Mannes Liebe und Freundschaft mich schämen. Und so habe ich täglich mit ihnen gegeßen und getrunken und mich alle Abend, der Gnade meines lieben Herrn empfohlen, in einer Reihe mitten unter ihnen zu Ruhe gelegt. Den schweren und finsteren Geist aber, welchen ich oft so bei Tage als in Sonderheit bei Nacht oft unter ihnen fühlen muste, kan ich nicht beschreiben. Aber auch um so viel kräftiger hat sich [durchgestrichen: auch] die Gnade meines guten Heylandes an mir bewiesen und Gott, der werte Heilige Geist, erhielt mein Herz bei Tag und Nacht unaufhörlich seufzend und betend zum lieben Heyland. Von den Soldaten glaubten aber doch einige immer noch, ich sei ein Kaufmann und müste viel Geld bei mir haben. Da aber etliche von ihnen und in Sonderheit der OttoBascha[sic] in den folgenden Tagen diese und jene Kleinigkeiten von Tischlerarbeit brauchten, so machte ich ihnen solches, wodurch ich nicht allein ihre Gewogenheit zu mir noch mehr gewan, sondern indem sie alle sahen, daß ich ein Handwerksmann sei, fiel der Gedanke, daß viel Geld bei mir sein müste, weg. Ich war dem lieben Heyland recht dankbar, daß ich etliche Instrumente mit mir hatte. Wiewohl ich nun vor meine Person keine Noth hatte und mich Gott bei dem barbarischen Volcke hatte Gnade finden laßen, so war doch der Zweck meines Hierseins, um unter den Copten bekant zu werden, gar sehr gehemmt, denn alles fürchtete sich, um aus dem Hause zu gehn. Und es ist hier nicht so wie in unserem Lande, daß man die Leute ordentlich in ihren Häusern besuchen konte, denn alles ist hier, sowohl Christen als Türcken, viel zu argwöhnisch wegen ihrem Harriem oder Weiber Pack* [am linken Rand hinzugefügt:] *(i.e. Gynecaeum oder Frauenzimmerapartement) [Handschrift wahrscheinl. von Hocker], und man findet hier nicht leicht ein Hüttgen[= Hüttchen], wo nicht auch ein Harriem ist, denn Knaben von 12 Jahren haben hier schon Weiber. Es ist eben alles fleischlich und unter die Sünde verkauft. Und man siehet keine Seele, die um Jesus verlegen ist.

Den 20. August fragten mich etliche Copten, wie der Heyland in meiner Sprache hieße, wobei ich Gelegenheit nahm, ihnen Seinen blutigen Martertod zu verkündigen, allein ihre Ohren waren zu dicke, daß es nicht zum Herzen konte.

Den 22. August wurde ich durch Sulieb und Abd el Meßias ‚von Behneße' [eingefügt] mit etlichen Copten und in Sonderheit mit 2 Männern nahmens

Ibrahim und Michael bekant. Ich redete mit ihnen von Gottes Menschwerdung, Marter und Tod und wie es einem Herzen zu Muthe sei, das davon ein Gefühl habe. Der liebe Heyland war mir in Seiner blutigen Gestalt sehr nahe und ich nahm bei erwehnten 2 Männern wahr, daß ihnen mein Zeugniß wahrhaftig zu Herzen ging, denn sie stunden beide auf, fielen mir um den Hals und sagten mit Tränen in den Augen: „Gott segne dich, Meister, so was haben wir nie gehört. Wolte Gott, wir wären, wie du bist.“ Sulieb und sein Gefärte, da sie sahen, daß erwehnten 2 Männern mein Zeugniß zu Herzen ging, sagten sie: „Ihr müst des Meister Johann (denn so heißen sie mich) ‚s[eine] Worte' [eingefügt] nicht so genau nehmen, denn er hält nichts vom Fasten, Creuzmachen und was dergleichen mehr.“ Oberwehnte Männer wurden sehr stutzig und fragten mich, ob ich denn nicht fastete, Antwort: „Nein, mein Heyland hat für mich gefastet und alles verdienstlich für mich volbracht, und seitdem ich als ein armer Sünder Gnade und Vergebung von allen meinen Sünden in Seinem Blute gefunden habe, mache ich keinen Unterscheit[sic; = Unterschied] in Tagen und Speisen, sondern meine einzige Sorge sei, daß ich nur den ganzen Verdienst, wodurch Er Seinen Kindern alles geheiligt hat, täglich in meinem Herzen genießen und froh werden möge.“ Übrigens genöße ich alle Speisen ohne Unterscheit, so wie sie mir Gott bescherte, maßiglich, täglich mit Danksagung. „Es ist mir aber“, fuhr ich fort, „nicht gemühtlich, mit euch von äußerlichen Kirchenverfaßungen zu reden, sondern meine Frage an euch ist: Kennet ihr Jesum? Habt ihr den lieb, der für euch aus ewigem Liebestrieb am Creuze Sein Leben gelaßen hat? Laßet dies eure Sorge sein, darnach wird euch Gott, der Heylige Geist, schon alles lehren, was ihr thun und halten sollet. Und damit ihr nicht denken möget, daß ich gekommen bin, euch eure Kirchenverfaßung verdächtig zu machen, so wil ich gerne, wenn ihr mir nur versprechen wollet, dem lieben Heyland eure Herzen hinzugeben, mitten unter euch wohnen und nach Pauli Anweisung, um euch nicht ärgerlich zu sein, alle Tage, so wie ihr sie haltet, mithalten. Doch alle mahl vorausgesetzt, daß ich dadurch [durchgestrichen: v] bei Gott nichts verdienen kan noch wil, sondern allein aufs blutige Verdienst Jesu meine Seligkeit gründe.“ Sie sagten: „Meister, wir hören, daß du ein Liebhaber Jesu bist, und wünschen, daß wir [durchgestrichen: d] von dir lernen mögen“ (Und so, wie ich mich in ansehung der Fasttage [sic; = Fastentage] gegen diese Copten erklärt habe, so werde ich es künftig mit allen, wo ich hin komme, halten).

Den 24. August speiste ich abends bei Michael.

Den 25. August wurde ich mit einem Mann nahmens Girgis bekant. Er hörte gern vom lieben Heyland und klagte mir, daß es um ihrer Kirche schlegt[sic; = schlecht] stund.

Den 28. August als zum Schluß unsers Chorjahres hielt ich mit meinem guten Herrn manche sünderhafte und mit Tränen begleitete Herzensbande und Er lies mir Sein Erbarmen und viel Vergeben, über alles, worinnen ich mich noch zurück fühlte, aufs kräftigste inne werden.

Den 29. August als an unserem Chorfest fiel ich in der Frühstunde zu den durchbohrten Füßen unseres teuersten Choraltesten nieder und bat Ihn, daß Er so, wie Er Seine ledigen Brüder auf dem ganzen Erdboden heute aufs Neue segnete, auch mich, Seinen armen Einsamen, nicht vergeßen möchte. Mein Herz zerfloß in vielen Tränen vor Ihm und Er ließ mich inne werden, daß man Ihn hat, wo man um Ihn weint. Ich hatte in der Stille einen gar seligen Tag und Abends muste ich mit dem Copten Girgis speisen.

Den 30. August da sich nun die Reise der 2 Männer Sulieb und Abd el Meßias nach Behneße heran nahete, und ich wegen der [durchgestrichen: sta] starken Einquartierung hier in Girge lange zu bleiben Bedenken trug, so überlegte ich solches heute kindlich vorm lieben Heyland, erstlich durch folgende 3 Loose: „Es ist Zeit, daß ich den lieben Heyland frage", „Der liebe Heyland wil noch nicht, daß ich fragen soll", und ein Leeres. Es traf das erste*. Sodann fragte ich durch folgende 3 Loose: „Der liebe Heyland ist davor[sic; = dafür], daß ich es darauf an [durchgestrichen: tra] trage mit Sulieb Ibrahim und seinem Gefärten nach Behneße zu gehen", 2tens „Der liebe Heyland ist nicht davor, daß ich nach Behneße gehe, sondern wil, daß ich getrost in Girge bleiben sol.", 3tens Leer. Ich kniehete nieder und bat den lieben Heyland, daß Er Seinen gnädigen Willen mich, Seinen armen Sünder, wolle wißen laßen. Er bekante sich sehr gnädig zu mir und es traf das erste * . Ich machte sodann erwehnten 2 Männern balde ‚es' [eingefügt] bekant, daß ich mit ihnen gehen würde, worüber sie froh zu sein schienen.

Den 31. August speiste ich zu Mittag bei Ibrahim. Michael kam auch hin und bezeigte sich heute sehr feindselig gegen mich. Es tat mir seinentwegen weh und es fiel mir sehr nachdrüklich aufs Herz, was unser lieber Heyland sagt, daß der Teufel kömt und das Wort von ihren Herzen nimt.

Den 2. September kam Michael wieder zu mir und stelte sich, als ob es ihm weh taht, daß er mich vorgestern also behandelt habe. Ich hatte aber ein übeles Gefühl von ihm. Ach, es ist unglaublich, an welche schwere Ketten des Satans diese arme Menschen gefeßelt liegen, und wenn einen der liebe Heyland nicht tröstete und aus Seinen Wunden immer wieder Trost und neuen Muth schenkte, so verzagte man.

Den 5. September nötigte mich Michael, mit ihm zu speisen. Ich ging auch hin, es war mir aber in seinem Hause nicht wohl.

Den 6. September hatte mich ein Scharief beim Otto Bascha angeklagt, daß ich Bücher lese, worinnen die Muselmänner verdamt würden. Der Otto Bascha rief mir zu sich und sagte mir sehr ernsthaft: „Bringe mir deine Bücher." Ich seufzete zum lieben Heyland, daß Er Sein gnädiges Auge auf mich wolle gerichtet sein laßen, und brachte dem Otto Bascha das neue Testament und die Psalmen Davids im Arabischen. Er lase in iedem[sic] Buch wohl eine Viertelstunde, sodann sahe er mir sehr freundlich an und gab mir meine Bücher wieder mit diesem Worten: „Ich finde in deinen Büchern nichts denn lauter Gotteswort, liese du die selben bei Tag und Nacht ungestört" und zu dem Sch[a]rief und anderen

Umstehenden sagte er: „Ich habe diesen Christen lieb, und wer ihm etwas zuwider thut, der thut mirs.“

Den 8. September als am Abendmahlstage bekante sich der liebe Heyland sehr gnädig zu mir und ersetzte mir des leiblichen Abwesens von meinen lieben Geschwistern Weh durch Seine liebe Nähe.

Den 9. September und die folgende Tage wurden mir wegen meines Vorhabens nach Behneße zu gehen von den hiesigen Copten viele Schwierigkeiten vorgestelt, nemlich daß als ein Fremdling in dortiger Gegend mein Leben nicht sicher sein würde. Auch schienen Sulieb und sein Gefärte in ihrem Gemüth gegen mich ganz umgesattelt zu sein. Denn sie sagten mir, wenn sie mich mitnehmen, würde es unter ihren Landsleuten viel Aufsehens machen, und wenn ich ihnen nicht versprechen wolte, allezeit mit in ihre Kirche zu gehen und alle Zerimonien, so wie sie bei ihnen bräuchlich waren, mitzumachen, so wolten sie mir lieber rathen, daß ich zurücke bliebe. Ich aber sagte ihnen, daß ich weder mitmachen noch sie in ihrer Sache stören wolte, sondern meine Sache sei, allen Seelen, die mir zuhören wolten, den Tod ihres Schöpfers zu verkündigen, und wenn sie Bedenken trugen mich mitzunehmen, so möchten sie in Gottes Nahmen reisen. Bei erster Gelegenheit würde ich ihnen nachkommen, denn es sei einmahl bei mir ausgemacht, nach Behneße zu gehen, denn ich fürchte mich nicht, sondern wiße und glaube, daß mein Gott, in deßen Nahmen ich ging, mich überall wohl bewahren könte und wolte. Sie schienen bei dieser Unterredung wieder anderes Sinnes zu werden und sagten: „Mache dich in Gottes Nahmen fertig, wir wollen dich gerne mitnehmen.“ Ich fühlte aber doch nachher meine menschliche Furcht und Blödigkeit, welches ich aber dem lieben Heyland klagte, und schlug mir eine Losung auf, die hies: „Seid getrost und thut eure Hände nicht ab, denn euer Werk hat seinen Lohn.“ Kan man was Guhtes thun, man thut es gern und dankt es seinem lieben Herrn. Wie mir dabei war, kan ich nicht beschreiben. Der liebe Heyland war mir so nahe, daß mein Herz in viele Tränen vor Ihm zerfloß, und überließ mich kindlich Seinen treuen Händen.

Den 12. September nahm ich von etlichen Copten in Girge Abschied. Von einem Mann nahmens Ibrahim nahm ich wahr, daß er wahre Liebe zu mir hatte. Er bat mich, daß ich ihm doch einmahl schreiben und selber bald wieder kommen [durchgestrichen: k] möchte. „Denn“, sagte er „ich werde dich nicht vergeßen, solange ich lebe.“ Da ich dann dem Otto Bascha und seinen Soldaten, mit welchen ich über 4 Wochen Haus gehalten und täglich mit ihnen gegeßen und getrunken habe, Abschied nahm, nahm ich bei einem ieden[sic] wahr, daß es ihnen nahe ging, daß ich von ihnen gehen wollte. Der Otto Bascha fragte mich, ob ich auch Reisegeld hätte, sonst wolte er mir was geben. Dem Reys* ‚*oder Schiffer‘ [am Rand hinzugefügt], mit welchem ich reisen wolte, lies er vor sich kommen und befahl ihm, mich ia gut zu behandeln oder er würde ihn finden. Da ich diesen und jenen von seinen Leuten, von denen ich viel Gutes genoßen habe, ein Trinkgeld presentierte, so wolte niemand außer sein Koch, das geringste von mir nehmen und gaben mir noch dieses und jenes als Caffe, Schwieteln[sic] und Datteln mit auf den Weg. Abends spät gingen wir an Bord, blieben aber diese Nacht noch vor Girge liegen. Ich fand viele Uhrsache, meinen guten Herrn und Heyland zu danken vor alle treue Gnade und Barmherzigkeit, so Er mir die Zeit meines Aufenthalts in diesem erstaunlich finsteren Neste täglich hat widerfahren laßen und bat Ihn, daß Er um Seiner ewigen Menschenliebe willen meinen Besuch [durchgestrichen: h] alhier nicht ganz fruchtlos wolle sein laßen. Ich habe mich, solange ich hier gewesen bin, in des seligen Jüngers Reden über die Litaney der Wunden Jesu in der Stille täglich gar seliglich gewendet und in meinen Unterredungstunden mit dem lieben Heyland hat mich nichts gestört.

Den 13. September früh verließen wir Girge und ich trat mit den 2 Copten Sulieb Ibrahim und Abd el Meßias meine Reise nach Behneße an. Wir trieben auf der ganzen Reise täglich sagte[sic; = sachte] mit dem Strom den Nil herunter. Des Nachtes lagen wir beständig stille und sahen oft viele Räuber, welche unterm Waßer schwimmen schon in unser Schif steigen, weil aber unser Volk gute Wache hielt, so wurden sie beständig wieder zurück getrieben, ohne daß ihnen jemahls ihr Vorhaben glückte. Vor Ackmien lagen wir einen Tag und vor Minje 5 Tage still. Ich fühlte mich auf dieser Reise oft sehr arm und elend, hielt mich aber in allem fest am lieben Heyland. Und Er lies mich inne werden, daß Er der Elenden Trost und der Schwachen Stärke ist. Ich unterlies nicht, mit meinen 2 Copten oft vom lieben Heyland und was Er für uns gethan hat, zu reden. Sulieb hörte mir gerne zu, sein Gefärte aber war ein guter Türcke.

Den 27. September früh erreichten wir Abogirge, ein Bauerndorf, allwo wir unsere Sachen aus dem Schiff luden und hatten nun Behnesse landeinwärts gegen Abend zu uns gegenüber. Wir luden unsere Sachen auf ein Cameel und setzten unsere Reise fort, kamen aber nicht weit. So musten wir wegen der Überströmung des Nils wieder abladen und etliche Araber mieten, die dieselben auf ihren Rücken bunden, und so musten wir über 5 Stunden lang, bald bis unter die Arme, bald bis an die Kehle ins Waßer fort waden. Ich war würklich auf die letzte so müde, daß ich nicht mehr fort konte. Gegen Abend kamen wir an ein Dorff Nahmens Scharube, allwo wir bei einem Copten über Nacht blieben, welcher uns nach hiesiger Art gut bewirtete. Es war balde im Dorff bekant, daß ein Fremder da sei, und es versamleten sich etliche coptische Bauern in unserm Logie. Ich fing an, mit ihnen vom lieben Heyland zu reden, fand aber keine Ohren, sondern es war ihnen schon eine alte Hiestorie[= Geschichte].

Den 28. September begaben wir uns wieder auf den Weg, musten abermahls bis unter die Arme ins Waßer gehn und kamen gegen Mittag in Behneße an. Die Loosung und der Text dieses Tages waren mir sehr wigtig [sic; = wichtig] und bat den lieben Heyland, daß Er dieselben aus Gnaden auch an mir erfüllen wolle, und gab mich Ihm, so wie die heutige Colecte unter der Losung hies, ganz aufs Neue hin. Der liebe Heyland bekante sich sehr gnädig zu mir und machte mein Herz vol Trost und Hofnung. Sulieb Ibrahim, einer von meinen Reisegefährten, gab mir

Logie, so gut er es hatte, in seinem Hause. Das eigentliche Behneße ist ein sehr altes Städtgen, dichte darbei liegt ein Bauerndorf, allwo lauter Copten wohnen, unter welchen ich mich befinde. Zwischen dem Städtgen und Dorfe fliest ein Strom halb so breit wie der Nil, welchen sie den# #'(Calige Joseph)' [am rechten Rand hinzugefügt, wahrscheinl. Handschrift Hockers] Bahher Josephs nennen. Es versamleten sich gleich den ersten Abend so viel coptische Bauern, daß sie das Haus, wo ich war, nicht alle faßen konte. Es war mir sehr artig ums Herz und ich verkündigte ihnen, so gut ich mich in der Arabischen Sprache ausdrücken konte, den Tod Jesu. Sie hörten mir aufmerksam zu und sagten: „Dieser Tag ist gesegnet, in dem du zu uns gekommen bist und wir dein Angesicht sehen und solche Worte aus deinem Munde hören mögen." Es sind wahrhaftig viele rechte einfältige Seelen unter ihnen, aber es thut einem herzlich weh, daß die armen Menschen sich so bei den läppischen Serimonien[sic; = Zeremonien] aufhalten und von ihren Lehrern von einer Fabel zur anderen geführt werden.

Den 29. September besuchten mich 2 coptische Priester. Sie waren anfangs sehr freundlich, fragten mich um den Zweck meines Hierkommens und von welcher Kirche ich sei. Ich sagte ihnen, der Zweck meines Hierkommens sei erstlich, um arabisch zu lernen und 2tens um zu sehen, ob unter ihnen Seelen seien, welche Jesum lieb hätten oder um Ihn verlegen wären. Denn ich gehöre zu einer Kirche, deren ganzes Volk in dieser Welt nichts suchte, denn täglich Gottes, ihres Heylandes, sich zu erfreuen, und wenn ich auch solche Leute unter ihnen fände, würde ich mich gar sehr freuen. Sie sagten: „Du bist ein artiger Mensch. Haben nicht alle getauften Christen den Heyland lieb?" Ich antwortete, es wäre zu wünschen, daß sie ihn alle lieb hätten, aber die Erfahrung lehrte uns täglich das Gegentheil, und fragte ihnen, ob sie denn glaubten, daß jemand den Heyland lieb haben und zugleich in der Sünde und Ungerechtigkeit beharren könte. „Denn", fuhr ich fort, „es ist unmöglich, daß jemand Gott lieb haben kann, der nicht vorher die große Liebe Gottes erkant und in seinem Herzen erfahren habe." Sie fragten mich, was ich denn eigentlich Liebe Gottes nante. Antwort: „Daß Er ein armer Mensch worden und [durchgestrichen: um] um meiner Sünde willen den bitteren Tod geschmeckt hat, um mich von Sünde, Welt und Satan frei zu kaufen." Sie verstummten und fragten mich nichts mehr. Nach ein wenig aber kamen sie mit ihrem abgöttischen Gottesdienst (denn man kann ihn nicht anders nennen) und fragten mich, ob wir bei unserer Kindertaufe Weirauch, Mirren und Öhl gebrauchten, desgleichen beim Abendmahl. Wieviel mahl das Geschirr, was beim Abendmahl gebraucht wird, unterm Volcke herum getragen würde? Ob wir, so oft wir in die Kirche gingen, Meße und Opfer pflegten? Ob unsere Priester, so oft sie jemandem begegneten, die Hände auflegten, und ihm die Sünden vergaben? Ob ein jeder von uns täglich 200 mahl Kierieleison behtete? Wieviel mahl wir bei einem jedem Gebeht das Creuz machten? Ob wir wöchentlich 2 Tage fasteten, ob wir im Jahr 2 mahl die große Fasten von 40 Tage lang hielten, ob wir alle Heyligen anbeteten, ob unsere getauften Kinder, wenn sie 5 oder 6 Jahr alt werden, auch beschnitten würden? Und was dergleichen noch viel mehr war. Der liebe Heyland schenkte mir Geduld, um ihnen zuzuhören und in Gelaßenheit zu antworten, und ich fragte sie, ob sie nie gelesen hätten, daß in Christo nichts gelte denn eine neue Creatur, und sagte: „Ihr habt mir jetzt viel gefra[g]t nun wil ich euch auch etwas fragen. Wie viel Seelen könnet ihr mir in eurer Kirche nennen, die wahrhaftig Jesum kennen und lieb haben, und die da mit Wahrheit sagen können: „Wir haben Vergebung der Sünden in Seinem Blut gesucht und gefunden."" „Oder lieben Herrn Patres", fuhr ich fort, „Ist euch vieleigt[sic; = vielleicht] dieser Weg selber noch unbekant?" Sie schwiegen ein wenig stille, sodann sagten sie: „In Wahrheit Meister, wir verstehen dich nicht." „Ey nun", sagte ich, „Ihr habt doch gelesen, daß Jesus allein der Weg, die Wahrheit und das Leben ist." Antwort: „Ja." „So wollen wir", fuhr ich fort, „zuerst davon reden, wie wir zu Ihm kommen und Ihn kennen lernen sollen. Wenn es damit seine Richtigkeit hat, darnach wollen wir von anderen Sachen reden." Es waren noch viele andere Copten dabei, welche zuhörten. Diese sagten: „Gott stärke dich, Meister, und segne deine Worte, denn du redest Wahrheit." Und wir gingen in Friede auseinander.

Den 30. September besuchte mich der Scheg Bället oder Bauernschulze dieses Dorfs, ein ansehnlicher Copte. Er redete vieles und mancherlei mit mir, unter anderem auch, was ich von ihren Zerimonien und Kirchenverfaßungen hielt. Ich sagte ihm, daß ich nichts wüste und verstünde ohne allein Jesum den Gecreuzigten, in deßen Blut und Tod ich Vergebung der Sünden, Leben und Seligkeit gefunden habe ohne alle Werke und Verdienst, und erzehlte ihm mit warmem Herzen, wie wohl es mir nun täglich sei, mit meinem Herzen nahe bei meinem lieben Heyland zu sein. Er gab mir die Hand und sagte: „Du bist mein Freund, deine Worte sind mir teurer denn Silber und Gold." Ich hatte ein sehr gutes Gefühl von diesem Mann und er besucht mich fleißig.

Den 3. Oktober besuchte mich ein Caßies ‚(:das ist ein Priester:)' [eingefügt, Hockers Handschrift], ein sehr freundlicher Mann. Ich redete mit ihm von der großen Liebe Gottes gegen uns Menschenkinder, die Er darin bewiesen, daß Er um unsert Willen ein armer Mensch worden, sich so habe martern laßen und für unsere Sünden am Stamme des Creuzes sein Blut vergoßen habe, und erzehlte ihm, wie lieb eine Seele den Heyland habe, die dies von Herzen glaube und die Krafte Seines Blutes und Todes an ihrem Herzen erfahren habe, und sagte, daß ich auser dieses, wie es auch Nahmen habe, alles nur vor Gauchelwerk[sic, = Gauklerwerk] hielt. Der Caßies sagte: „Ich habe in meinen Leben einen solchen Menschen, wie du es bist, nich[t] gesehen. Sind mehr solche Leute in der Welt?" Ich erzehlte ihm sodann von unserer Kirche und wie kräftig sich der liebe Heyland bei allen Gelegenheiten täglich an dieselbe bewiese. Es stunden dem Caßies die Tränen in den Augen und sagte: „O ihr müßt ein seliges Volck sein, aber was sollen wir Armen sagen?" Mehr erwehnter Scheg Bället war auch dabei. Dieser reichte mir seine Hand und sagte: „Bruder, ich habe dich sehr lieb und verstehe deine Worte." Dem Caßies sahe er an und sagte: „Ist nicht dieses alles, was der Meister Johann uns sagt, auch in unseren alten Büchern verfaßt, nemlich daß auser Christo kein Heil zu finden ist? Aber wer hat es uns je verkündigt?" Mir reichte er abermahl die Hand und sagte: „Bruder, bleibe bei uns, Gott wird dein Zeugniß unter uns segnen. Denn ich habe von dem an, daß ich deine Worte gehört habe, in meinen Herzen gefühlt, daß sich der Heyland auch meiner erbarmen wird, und Er ist mir schon sehr nahe", wobei ihm die Tränen über die Wangen liefen und aus allen seinen Erzehlungen nahm ich mit Vergnügen wahr, daß Gott, der werte Heylige Geist, schon über 6 Jahr an seinem Herzen gearbeitet habe. Die Freude, die ich hatte, eine Seele zu sehen, die die geistliche Sprache verstund, kann ich kaum beschreiben, und brachte dem lieben Heyland mein Gratias dafür.

Den 4. Oktober kam Michael, der Scheg Ballet, wieder zu mir und nöthigte mich, in sein Haus zu kommen, weil sein Bruder und alter Vater mich auch gerne sehen und sprechen möchten. Ich ginge gerne mit ihm und da ich hin kam, fand ich, daß sein Vater zwar ein natürlicher, aber alter einfältiger Mann war und hörte gern vom lieben Heyland. Sein Bruder nahmens Ibrahim aber fand ich ebenfals, daß er schon vom Heyligen Geist preparirt war, um das Wort von der Versöhnung Jesu mit verlangendem Herzen anzunehmen. Diese beiden Brüder waren allen Fabeln und läppischen Serimonien von Herzen müde. Sie zogen mich zu Rathe, was sie künftig zu thun hätten, denn sie wolten mit ihrem ganzen Hause des Heylands sein und nicht den menschlichen Fabeln folgen. Ich bat sie, den lieben Heyland ihre ganzen Herzen hinzugeben und täglich zu suchen, recht mit Ihm bekant zu werden, alsdann würde ihnen auch der Heyland Geduld schenken, daß sie ihre arme Mitmenschen nicht zu früh vor den Kopf stoßen, bis der Heylige Geist noch mehr von ihnen die Augen öffnen könte. Sie nahmen meinen Rath willig an, und versprachen, demselben zu folgen. Sie hatten aber jeder einen kleinen Sohn, 2 liebe Kinder. „Diese", sagten sie, „laßen wir nicht beschneiden, denn wir glauben, daß sie mit dem Blute Jesu getauft sind, und das ist genug." Ich genoß bei diesen lieben Leuten viel Segen für mein eigen Herz und blieb den ganzen Tag bei ihnen.

Den 5. Oktober kam Michael in aller Früh wieder zu mir und sagte: „O Bruder, wie dankbar sind wir dem Heyland, daß du zu uns gekommen bist. Ich und mein Bruder haben diese ganze Nacht vor Freuden nicht schlafen können und o, wie teuer ist das Lamm Gottes unseren Herzen." Ich weinte mit ihm und sagte: „Gib nur dem lieben Lamme Gottes dein ganzes Herz hin, so wirst du ein seliger Mensch werden." Er antwortete: „Ja, ja, Er sol es ganz haben." Es kam auch heute noch ein anderer Copte zu mir und sagte: „Meister, ich höre viele gute Worte von dir, aber ich kan nicht lesen oder schreiben. Wie sol ich es machen, daß ich selig werde?" Ich antwortete ihm: „Daß du weder lesen noch schreiben kanst, hindert dich an deiner Seligkeit nichts, daß du aber Jesum nicht kennest, das macht, daß du unselig bist. Wende dich als ein einfältigs Kind zu Ihm, bitte Ihn, daß Er dir um Seines Bluts willen deine Sünden vergibt und Seine Liebe durch den Heyligen Geist in dein Herz schenke, so bist du selig, hier zeitlich und dort ewig." Es war mir wohl bei diesem Manne.

Den 6. Oktober war mein Geist viel in der Gemeine, noch mehr aber bei meinen lieben Brüdern in Cairo, und hätte gerne das Heilige Abendmahl mit ihnen genoßen, denn ich fühlte einen großen Hunger und Durst nach demselben. Ich weinte vor Verlangen zu Jesu Füßen und Er tröstete mich durch Seine liebe Nähe. Diesen Abend ging ich mit den hiesigen Copten nach ihrer Kirche, welche eine Stunde von hier liegt, und blieben daselbst die ganze Nacht. Wiewohl ich nun an ihrem betrübten Gottesdienst nichts hatte, sondern großes Mitleiden über dieser armen Menschen Blindheit in meinem Herzen fühlte, so gereuete es mir doch nicht, daß ich mit ihnen gegangen war, denn ich hatte sowohl unterwegens als dort Gelegenheit, ein Zeugniß vom lieben Heyland abzulegen.

Den 8. Oktober kam ein Caßies* ‚*(ein Priester)' [am rechten Rand hinzugefügt] zu mir und sagte: „Meister, höre mein Wort, alle Menschen in unserem Dorffe haben dich lieb und haben dein Zeugniß von Christo. Wir wollen sie nicht von dir abhalten, sondern wenn dir es gemütlich ist, wollen wir sie alle zu dir weisen. Aber predige doch nicht wider uns und unsere Kirche." Ich antwortete Ihm: „Meister, du kanst dich darauf verlaßen, daß ich weder wider euch Priester, noch wider eure Kirche bin, denn es ist meine Sache überhaupt nicht, von Religion oder äußerlichen Kirchenverfaßungen zu reden oder darüber zu disputieren, sondern meine Freude ist, wenn ich einen armen Sünder sehe, deßen Herz um Trost bange ist, denn um solcher Leute willen ist Jesus in die Welt gekommen und hat Sein Blut für sie vergoßen. Dessen bin ich ein Zeuge, weiter habe ich hier nichts zu bestellen." Der Caßies sagte: „Meister, du bist wahrlich ein Geistlicher und hast einen rechtschaffenen Glauben. Bleibe bei uns, wir wollen dich zum Caßies machen und wir und unser Volck wollen von dir lernen." Ich antwortete ihm: „Den Glauben kan ein Mensch dem andern nicht geben# ‚#sondern das ist allein ein Werck des Heiligen Geistes' [am rechten Rand hinzugefügt], wenn aber du, oder wer es ist, von mir hören wollet, wie ich aus Gnaden glauben gelernt habe, seid ihr mir bei Tag und Nacht wilkommen. Daß ihr mich aber zum Caßies machen wollet, daran müst weder ihr, noch wil ich daran gedenken, denn ich binde mich an keinen Ort." Der Caßies nahm recht freundlichen Abschied von mir und sagte: „Behte für mich."

Den 9. Oktober besuchten mich 3 Caßies zugleich, sie waren sehr freundlich und ich hatte manche hübsche Gespräche mit ihnen. Alles, was ich mit ihnen von der großen Versöhnung, welche Jesus Christus durch Sein bitteres Leiden und Sterben für das menschliche Geschlegt[sic; = Geschlecht] zu Wege gebracht hat, mit ihnen redete, gestunden sie mir zwar mit dem Munde zu, im Herzen aber sind sie leider einer wie der andere mausetot. Und wer kann die Herzen erwecken, denn allein Gott der Heilige Geist.

Den 10. Oktober nötigte mich ein Caßies zu Gaste und ich speisete mit ihm eingesalsenen Kese [= eingesalzenen Käse] und Brod.

Den 11. Oktober hatte ich in der Abendstunde Gelegenheit, etlichen einfältigen Bauern die große Liebe ihres Schöpfers und Erlösers anzupreisen, welches mehrmahlen geschehen, und ausen vor der Thür sitzen immer etliche Weiber, welche auch mir zu hören. Diesen Abend erfuhr ich eine große Bewahrung des lieben Heylands, nemlich, indem ich in mein Bette stieg, wurde ich in demselben einen großen Scorpion gewahr und tötete sie glücklich.

Den 12. Oktober kam mein lieber Bruder Michael, der 8 Tage über Feld gewesen war, wieder zu mir. Wir hatten beiderseits große Freude, einander wieder zu sehen. Ich fand ihn so, daß er wahrhaftig mit dem lieben Heyland im Umgang steht. Er sagte zu mir: „Ich habe, solange ich von dir gewesen bin, täglich in meinem Herz gefühlt, wie lieb der liebe Heyland arme Sünder hat, aber ich weiß doch, daß ich Ihn noch viel näher muß kennen lernen." Ich befehle meine lieben Brüder, diesem Mann besonders vor dem lieben Heyland zu gedenken, denn er kann ein brauchbares Werkzeug werden.

Den 14. Oktober bat mich ein Caßies in sein Haus zu kommen, um mit Ihm das Mittagsmahl zu halten. Ich ging mit ihm und er und sein ganzes Hausgesinde bewiesen mir viele Freundschaft. Sie hörten gerne vom lieben Heyland und ich muste bis in die Nacht bei ihnen bleiben. Nur thut es einem gar schmerzlich weh, daß die armen Menschen so erstaunlich tod sind.

Den 15. Oktober muste ich abermahls bei einem anderen Caßies speisen, in welchem Hause ich gleichfals viele Liebe genoß. Jesus und Sein blutiges Verdienst aber ist ihnen allen unbekant. Und wenn auch nun und dann, indem man mit ihnen redet, ein Wörtlein haftet, so ersticken sie es wieder durch ihre abgöttische Fabeln.

Den 18. Oktober kam ein Mann nahmens Abd el Melak zu mir und fuhr mich gar heftig an, hauptsäglich[sic; = hauptsächlich] darüber, weil er gehört hatte, daß ich nichts vom Fasten hielt. Ich ließ ihn ausrasen und fragte ihn sodann: „Lieber Freund, kennest du den Herrn Jesum?", Antwort: „Ist das auch eine Frage, solt ich denn nicht kennen?". Frage: „Wann hast du Ihm dein Herz gegeben und wie lange ist es jetzt, da du in Seinem Blute Vergebung deiner Sünden gesucht und wahrhaftig gefunden hast?" Antwort: „Dieses verstehe ich nicht." „Wenn du dieses nicht verstehst," fuhr ich fort, „so kennest du auch Jesum nicht, sondern bist blind und ein Gefangener der Sünden und des Satans und must, wenn du auch Tag und Nacht fastest und fremde von dem bleibest, was ich dir jetzt gesagt habe, am Ende doch verlohren gehen." Er wurde bös und ging weg, nach ein paar Stunden aber kam er wieder zu mir und sagte: „Meister, deine Worte sind mir gar schwer auf mein Herz gefallen. Sage mir, was hast du vor einen Glauben?" Ich krigte diesen Mann recht lieb und verkündigte Ihm die treue und unverdiente Gnade im Blute Jesu. Er sagte: „So was hab ich nie gehört. Gott segne dich." Ein Caßies, der auch dabei saß, schien dieses zu verdrießen, denn er stund sogleich auf und ging stillschweigens fort. So weit geht vor dieses Mahl mein Diarium, nemlich bis zum 18. Oktober.[4]

4 Den 19ten Oktober (anschließende rechtsseitige Terminierung)

[19.10.1770-21.12.1770][5]

Den 19. Oktober war ich fleißig mit Schreiben an meine lieben Brüder in Cairo. Ein coptischer Caßies nahmens Johannes, der uns lieb hat, schrieb auch einen Brief an Bruder Hocker.

Den 20. Oktober hatte ich mit mehr erwehnten Abd el Melak eine gesegnete Unterredung von der Glückseligkeit einer Seele, welche sich ohne alle Ausnahme ihrem Erlöser, der sie mit Seinem Blute so teuer erkauft hat, hingibt. Er gab mir die Hand und sagte: „Deine Worte sind sehr kräftig, Gott versiegle sie in mein Herz." Es nöthigten mich auch heute einige Copten, um einmahl wieder mit in ihre Kirche zu gehn. Ich wäre auch mitgegangen, allein ich fühlte in meinem Herzen, daß der liebe Heyland nicht damit zufrieden war, um ihren mit so viel abgöttischen Fabeln vermengten Gottesdienst oft beizuwohnen. Und ich krigte wahrhaftige Erinnerungen vom Heiligen Geist, daß ich mich so wie vor aller auch insbesondere vor dieser Befleckung in Acht zu nehmen hatte.

Den 21. Oktober nöhtigte mich Abd el Melak, um mit Ihnen zu speisen. Ich ging auch mit ihm und es war mir recht wohl in seinem Hause.

Den 22. Oktober speiste ich bei einem Caßies nahmens Ibrahim Cummus. Es waren noch etliche andere Copten da. Sie fingen an, von so vielerlei Religionen und Meinungen in der Christenheit zu reden, und hoften, über diese Materie von mir eine weitläuftige Beschreibung zu hören. Ich aber sagte ihnen kurz, ich wiße und verstehe nur eine allgemeine heilige christliche Kirche auf Erden und diese bestehe nicht aus Stein und Kalch[sic; = Kalk], sondern aus lauter lebendigen Gliedern am Leibe Jesu. Und fuhr ich fort: „Zu dieser Kirche gehören und werden täglich vom Heiligen Geist hinzu gethan alle arme Sünder, denen ihr Elend drücket und die da von Herzen begehren aus Gnaden ohne Werke allein ums Blutes Jesu willen vor Gott gerecht und selig zu werden. Solche Seelen mögen übrigens in einer Religion oder Verfaßung sein, wie dieselbe auch Nahmen habe, diese sind die Schafe, über welche Jesus Christus selber der Hirte ist, ihnen täglich weidet und ihnen das ewige Leben gibt." Der liebe Heiland war mir in Seiner Todesgestalt so nahe, daß ich mich der Tränen nicht erwehren konte, und ich redete zu dem Caßies und allen, die da waren, von der blutigen Liebe Jesu mit einem sehr warmen Herzen. Der Caßies sahe die übrigen an und sagte: „O, meine Lieben, was hören wir vor Worte, Gott sei uns Sündern gnädig." Des Caßies seine Frau stund mit noch etlichen Weibern hausen[sic] vor der Thür und hörten zu. Erstere kam hereingeloffen, ergriff mich bei der Hand und sagte: „Meister, bleibe bei uns, ein solcher Lehrer ist noch nicht hier gewesen. Gott

---

5 Continuation von Bruder Danckes Diario vom 19. Oktober bis den 27. November. Es ist eine Abschrift aus der Hand Hockers zu den Tagebüchern Danckes vom 28.7.1770 bis 21.12.1770 erhalten. Darin sind die Wochentage mit den entsprechenden Zeichen ergänzt worden. Darüber hinaus sind Erklärungen zu Namen und Orten hinzugefügt worden. Rechtschreibung und Punktuation weichen vom Original ab.

wird uns Gnade geben, deinen Worten zu folgen." So hat man oft Gelegenheit, ein Zeugniß von Jesu abzulegen, aber ach, wenn man nur erst wahrhaftig um ihr ewiges Heil verlegene Seelen vor sich sahe, aber in dem Theil siehts noch el'en'dig [‚en' eingefügt] aus, doch bei Gott ist kein Ding unmöglich.

Den 25. Oktober hatte ich mit dem Caßies Johannes eine lange Unterredung, nicht ohne Seegen. Nemlich, er fragte mich anfangs sehr ernstlich, warum ich nicht fleißiger mit in ihre Kirche ging, und wenn sie im Dorffe Behtstunden hielten, öffentlich mit ihnen behtete. Ich fragte ihn: „Wenn du und deine Leute behten, was begehret ihr von Gott?", Antwort: „Daß Er sich über uns erbarmen und uns unsere Sünden vergeben soll." Ich sagte: „Lieber Johannes, wie kanst du das sagen, wilst du Gott zum Lügner machen? Denn, wer da von Herzen Gottes Erbarmen begehret und wem die Sünde eine Last worden ist, so daß er darunter seufzet und begehret von ihrer Scalaverey befreit zu sein, der darf nicht lange vergeblich behten, sondern der liebe Heyland, der Sein Blut für uns vergoßen hat, ruft solche Seelen gar freundlich zu sich und verspricht ihnen, daß sie bei Ihm Ruhe für ihre Seelen finden sollen." „Du aber und deine Leute", fuhr ich fort, „ihr wißet noch nicht, was Sünde ist, denn sie ist euch noch nicht zur Last worden, und dahero wenn ihr behtet und Gott wolte sich eurer erbarmen, so begehret ihr solches nicht vom Ihm, denn ihr liebet die Finsterniß mehr denn das Licht. Und in welchen Stücken ihr etwa Sünder zu sein glaubet, das wollet ihr mit euren eigenen Werken gutmachen, wodurch ihr das teure Verdienst Jesu gänzlich vernichtet", mit welche[n] Worte ich von ihm ging. Nach etwa 4 Stunden kam der Caßies wieder zu mir und sagte: „Deine Worte, die du mit mir geredet hast, sind wahrhaftig, sie liegen mir wie ein Stein auf mein[em] Herz[en]. Ach Bruder, behte für mich, ich bin ein Caßies und muß nun zwar täglich, weil es Brauch unter uns ist, öffentlich mit den Leuten behten, ich wil aber künftig so wie du auch ins Verborgene gehen und den lieben Heyland bitten, daß Er mir Sein Blut in mein Herz schenken wolle. Denn außer Ihm ist alles eitel."

Den 27. Oktober früh kam Bruder Michael zu mir und bat mich, diesen Tag in seinem Hause zu verbringen, welches ich auch mit Vergnügen that. Er und seine ganze Vamilie[sic; = Familie] sind sehr wohlhabende Leute gewesen, haben aber, weil in diesem Dorffe erstaunlich viel arme Copten sind, aus Mitleiden alle ihre Güter an denselben verwendet, denn es speisen täglich über 20 blutarme Copten an ihrem Tisch, welches ich mit meinen Augen gesehen.

Den 28. Oktober verkündigte ich mit sehr gerührtem Herzen 10 bis 12 coptische Bauern den Tod Jesu und sie rieffen zwar alle aus: „Dieser Tag ist gesegnet, da wir deine Worte hören", aber dabei bleibt es auch. Denn wenn man mit ihnen redet von dem, was Gott an sie gewendet hat, um sie zeitlich und ewig glüklich zu machen, nimmt man wahrhaftig wahr, daß sie nicht ungefühlig bleiben, aber es ist unglaublich, in welche gräuliche Irtümer und erstaunliche Finsternis diese armen Menschen stecken. Und der Teufel und ihre eigene Vernunft machen ihnen immer ein anderes wieder weiß. Auch erzehlten mir heute einige Bauern, daß Abd el Meßieh, mit welchem ich aus der Stadt Girge hierher gereiset bin, und dessen Sohn die Leute abrieten, meinen Worten nicht zu glauben, denn ich sei ein Verführer.

Den 30. Oktober fuhr ich mit dem Caßies Johannes über den Bakher Jusepfs, um etliche Copten in dem Stättgen Behnse zu besuchen, fand aber keine um Jesu verlegene Seelen. Doch unterlies ich nicht, ihnen von Gottes Menschwerdung, Marter und Tod zu erzehlen, und sagte ihnen, wie weh es mir thue, daß ihre Herzen gegen diese große Sache so kalt, tot, lieblos und unempfindlich wären. Die Leute sahen den Caßies an und sagten: „So was haben wir ja von dir, noch von keinem Caßies nie gehört, warum lehrt ihr uns nicht auch also?“, worauf ihnen der Caßies antwortete: „Fraget mich nicht darum, sondern wer jetz Ohren hat zu hören, der höre. Mein Gebeht ist jetzt, daß sich Gott meiner und eurer erbarmen wolle.“ Es war mir recht wohl bei des Caßies seine Worte.

Den 1. November hatte ich für mein eigen Herz einen recht seligen Tag, denn mein Geist war den ganzen Tag mit mein[en] liebe[n] vollendeten und noch hienieden wallenden Geschwister in einer besonderen Gemeinschaft, wovon ich mehr gefühlt als beschreiben kan.

Den 2. November besuchte mich mein lieber Bruder Michael und brachte seinen Bruder Ibrahim mit. Mit ersterem habe ich eine recht selige Unterredung von der armen Sünderschaft und dem Trost aus Jesu Wunden. Der liebe Heyland hat mir diese Seele als einen Erstling hier zur Freude und Trost geschenket, wovor ich Ihm auch sehr dankbar bin. Der Bruder Michael hat aber sehr viel im äusern zu thun, weil er in der ganzen hiesigen Gegend Schreiber und Einnehmer des Ali Begs ist. Er hat mich sehr [durchgestrichen: geh] gebehten, ihn dem Andenken und Gebeht meiner lieben Geschwister zu empfehlen. Sein Bruder Ibrahim ist auch ein Mensch, den man lieb haben kann. Er hat ein Gefühl von Gottes Marter und verspricht mir, daß er des lieben Heylands ganz werden wil.

Den 3. November als am Abendmahlstag war ich den ganzen Tag in der Stille für mich allein und der blutige Heyland bekante sich sehr nahe und gnädig zu mir, Seinem Einsamen und Blöden.

Den 4. November erhielt ich zu meiner nicht geringen Freude und Trost zum ersten mahl [durchgestrichen: sei] seit meiner Abwesenheit von meinen lieben Brüdern aus Cairo von unserem lieben Bruder Hocker einen Brief vom 25. Oktober, worinnen er mir hauptsäglich von einer sehr schweren Krankheit, welche unseren lieben Bruder Antes betroffen, aber durchs lieben Heylands Gnade auch zimlich wieder Herstellung desselben berichtet. Ich dankte dem lieben Heyland mit viele Freudentränen sowohl davor, daß Er uns unseren lieben Antes noch gelaßen, als auch, daß Er unseren lieben Bruder Hocker so kräftig unterstützet und seine schwache Hütte so gestärket hat, daß er imstande gewesen, seinen und meinen lieben Antes in seiner schweren Krankheit bei Tag und Nacht zu pflegen.

Den 7. November kam abermahls ein Caßies mit seinen läppischen Fragen und Fabeln bei mir angestiegen, ich sagte ihm aber gleich gerade ins Gesicht: „Ich weiß, daß Gott ein Mensch worden ist, und habe aus Gnaden an meinem Herzen erfahren, daß Er um meiner Sünd[e]n willen gestorben und mich durch Sein Blut von allem, was nicht Göttlich ist, erlöset hat, das ist mir genug." „Und", fuhr ich fort, „geh du hin und lerne dieses auch erst, alsdann wirst du mir wilkommen und mit deinen Fabeln und unnützen Fragen nicht mehr lästig sein.", worauf er schamrot fort ging. Es saßen noch andere Copten dabei, diese sagten: „Meister, du hast dem Caßies recht geantwortet. Er ist ein Mann ohne Verstand."

Den 8. November besuchten mich Abd el Melak und der Caßies Johannes und sagten zu mir: „Wir haben uns vor Jesu Angesicht miteinander vereiniget, deinen Worten, welche wir von dir hören und die uns in unseren Herzen sehr treue und wahrhaftig sind, von nun an zu folgen. Die alten Fabeln sind uns ekelhaft worden und wir wollen mit dir und deinem Volcke, zu welchem du gehörest, aus Gnaden allein auf Christi Blut und Tod leben und sterben." Dieses war mir von diesen beiden Seelen eine unerwartete, aber hoch erfreuliche Botschaft. Wir saßen bis in die Nacht beisammen und der Heyland war wahrhaftig in unserer Mitte und da wir voneinander schieden, ermahnte ich sie, es nicht bei dieser guten Regung, die gewiß vom Heiligen Geist war, bewenden zu laßen, sondern nur nicht eher zu ruhen, bis Jesus, der Gecreuzigte, ihre ganzen Herzen eingenommen habe, worauf sie mir zu wiederholten mahlen zu riefen: „Ja, ja Bruder, das Lamm Gottes soll uns ganz haben." Diese beiden Männer besuchen mich von dem an fleißig und ich zweifele nicht, sie sollen beide ein ganzer Schmerzenslohn Jesu und ein paar Zeugen Seines Todes in der Coptischen Kirche werden. Ich empfehle sie dem Gebet meiner lieben Geschwister.

Den 10. und 11. November verbrachte ich meistens bei Bruder Michael, der sehr krank war. Ich gab ihm etwas Cremantartri[= ?] und machte ihm etliche mahl einen guten Tee, welches der liebe Heyland segnete, und er befand sich balde darauf in einem guten Stande, wodurch dieser Bruder mich von neuem sehr lieb und ein gutes Zutrauen zu mir krigte. Auch andere Leute im Dorffe, die diesen Mann nicht gerne verlieren, krigten viel Respect vor mir.

Den 12. November kam ein Silberschmidt, ein junger Mann nahmens Johannes, zu mir und sagte: „Meister, ich bin heute in einer Geselschaft gewesen, wo viel von dir geredet wurde, ich aber schwieg immer still und hörte ihnen zu, worauf ein Caßies, welcher auch da war und der dir nicht sehr gewogen ist, mich fragte: „Du bist ja so stille, bist du etwa auch ein Jünger, Johannes?", bei welcher Frage mir eine besondere Liebe zu dir in mein Herz fuhr und ich antwortete dem Caßies ohne Bedenken: „Ja", und ging sogleich von ihnen. Jetz komme ich zu dir und thue dich zu wißen, daß ich von nun an deinen Worten folgen will." Ich wies ihn zu Jesu, seinem Versöhner und bat ihn, Ihm sein Herz hinzugeben und Seinen Worten zu folgen. Es war mir aber recht wohl bei diesem Menschen und er besucht [durchgestrichen: besucht] mich von der Zeit an manches mahl.

Den 13. November als an diesem so wigtigen Tage kniehete auch ich in meinem Winkel unserm lieben Aeltesten vor Sein treues Herz. Er segnete mich und ich hatte in der Stille einen recht seligen Tag.

Den 14. November sagte ein altes Weib zu mir: „Meister, ich höre, daß du ein sehr heiliger Mann bist. Ich bin nun schon 8 Jahr krank gewesen. Lieber, ich wil dir einen Real geben, behte [eingefügt und durchgestrichen: für] mich gesund." Ich sagte ihr: „Das ist meine Sache nicht, begehrest du aber an deiner Seele gesund zu werden, so will ich dir einen guten Arzt recommandieren, nemlich Jesus von Nazareth, der Sein Blut für dich vergoßen hat, und wenn du den willst kennen lernen, vieleicht macht der dich, wenn Er sieht, daß es dir gut ist, auch dem Leibe nach gesund." Hierzu aber hatte die gute alte Frau keine Ohren. Auch hatten die Copten heute ein sehr großes Fest wegen ihrem Heiligen Mari Girgis ‚(od[er] Georgius)' [am linken Rand hinzugefügt, Hockers Handschrift]. Sie nötigten mich, mit in ihre Kirche zu gehen, aber ich ging nicht mit. Michael, Ibrahim, und Abd el Melak blieben auch zu Hause und ich hatte rechte gesegnete Unterredungen mit ihnen. Von dem Caßies Johannes aber, der mit in die Kirche gegangen war und des folgenden Tages wieder zurück kam, nahm ich zu meiner Betrübniß wahr, daß er das Gefühl, welches er vorhero wahrhaftig vom Heyland hatte, gänzlich verloren hatte, und er war so tot wie ein Stück Holz und alle meine Freude, die ich etliche Tage her über ihn gehabt, schien gänzlich verschwunden zu sein, welches mich dermaßen schmerzet, daß ich es kaum beschreiben kann. Gott erbarme sich über dieses arme blinde Volck.

Den 15. November besuchten mich etliche Copten und mit ihnen auch mein lieber Bruder Michael. Sie fingen an, vom Fasten und Beten zu reden, worauf Bruder Michael folgendes sagte: „Ihr Lieben, hat nicht Christus genug gelitten, ist es notwendig, daß wir zu unserer Seligkeit auch noch etwas beitragen müßen? O laßet uns doch an den Heyland gläubig werden und Sein Verdienst nicht länger durch unsere Werke vernichten". „Und", fuhr er fort, „was das Behten betrift, so weis ich jetzt, es sei Morgen oder Abend, bei Tage oder bei Nacht, kein größer Gebeht mehr als „Mein Heyland, du Gott und Menschensohn, du bist für ‚mich' [eingefügt] gestorb'en' [‚en' hinzugefügt] und hast für meine Sünden dein Blut vergoßen, erbarme dich meiner", wobei mir der liebe Heyland oft so nahe ist, als hörte ich Ihn zu mir sagen; ‚Bitte, was du willst, ich will dir alles geben', und da sage ich dann wieder zu Ihm: ‚Ich begehre nichts denn nur dich.'" Es war meiner Seele innig wohl bei des Bruders seine[r] Herzenserklärung, die anderen Copten aber, welche mit ihm hergekommen waren, ärgerten sich über seine Redestunden auf und gingen davon.

Den 17. November kam der Caßies Johannes wieder zu mir und ich sahe und fühlte ihm ab, daß er sünderhaft war. Ich sahe den lieben Heyland an und bat Ihn, mir das rechte Wort zu schenken, womit ich diesen Mann anreden konte. Der liebe Heyland bekante sich sehr nahe zu mir und ich redete ihn folgendermaßen an: „Lieber Johannes, willst du des Heylands ganz werden oder nicht?", Antwort: „Ja, ganz", worauf ich ihm sagte: „Du weißt die Schrift und es wird dir bekant sein, daß unser lieber Heyland sagt im Gleichniß von einem Mann, der einen Turm bauen wolte, er setzte sich zuvor hin und überschlug die Kosten, ob er es auch ausführen könte. Desgleichen wil ich auch dir raten, denn du bist ein Caßies und wirst jetzt von allen deinen Dorffleuten geehrt, wenn du aber Jesum dein ganzes Herz geben und Sein Nachfolger werden willst, so könte es sich in dem Theil wohl ändern, nemlich daß du nicht so viel Ehre bei den Menschen genößest als jetzt. Darum bedenke dich wohl, denn unser Herr Jesus Christus, der uns mit Seinem teuren Blute erkauft hat, will unsere Herzen ganz oder gar nichts mit uns zu thun haben. Bleibe aber mein Freund, wofür Gott dich lohnen wird." Johannes fing an zu weinen und sagte: „Lieber Bruder, der Geist Gottes redet durch dich. Deine Worte treffen so auf mein Herz, als ob du mich auf allen meinen Schritten und Tritten nachgesehn hättest. Aber verlaße mich nicht, sondern behte für mich, ich will des Heylands ganz werden, es gehe mir, wie es wolle", worauf er aufstund und mir die Hand gab. Ich küßete ihn und krigte ihn viel lieber, als ich ihn vorher nie gehabt habe und war auch dem lieben Heyland sehr dankbar.

Hiermit schließe denn abermahls ein Stück meines Diariums und empfehle mich und den kleinen Anfang in der Sache unseres getreuen Herrn und Heylandes in Egyptenland, und zwar in einem unansehnlichen Ohrte, Behneße, dem Andenken und Gebeht meiner lieben Geschwister.

Den 18. November kam ein Caßies zu mir, welcher mir nicht sehr gewogen ist. Er warf anfangs viele spitzfindige Fragen auf, der liebe Heyland aber gab mir Gnade, den Mann so zu behandeln, daß er sich vor etliche andere Copten, welche mich zugleich mit ihm besuchten, schämen muste und sagte: „Der Meister Johannes ist wahrlich ein ganzer Christ, denn er liebet Gott und Menschen. Und die Liebe ist Hauptsumma aller Gebote." Diese Erkentniß von diesem Mann hatte einen Effect auf die anderen. Ich bleibe eben einfältig bei Jesu Blut und Wunden, wobei es meinem eigenen Herzen am wohlsten ist, und sie mögen sich mit ihrem läppischen Zeug so lange herum schlagen, bis sie es müde sind.

Den 22. November wurde meine Wirtin, Sulieb Ibrahim seine Frau, welche todkrank war, nach coptischer Art nach einem langen mit vielem Räucherwerk und anderen Fabeln vermengten Gebeht das Abendmahl gebracht. Es ging mir der armen Menschen ihre Blindheit gar sehr zu Herzen und ich wollte der armen Frau ein Wörtgen von ihrem ewigen Erbarmer, der sie mit Seinen Blut erkauft hat, sagen, aber sie verachteten es und wurden böse.

Den 24. November kam Bruder Michael, der 7 Tage lang in Geschäften des Ali Begs auf dem Land gewesen war, zu meiner und seiner Freude wieder nach Hause. Ich fand ihn als einen Sünder im Umgang mit dem lieben Heyland.

Den 25. November nötigte mich der Caßies Cummus Ibrahim zum Eßen. Er und seine alte Frau waren sehr freundlich und baten mich sehr, sie doch manches mahl zu besuchen, wenigstens alle Sontag zu kommen und mit ihnen zu speisen. Die guten Leute haben einen würklich lieb, nur thut es einem sehr weh, daß nach wie vor ihre Herzen so tod sind.

Den 26. November erhielt ich zu meiner großen Freude und Aufmunterung von meinen lieben Brüdern aus Cairo und zugleich von etlichen lieben Geschwistern aus der Gemeine Briefe. Zugleich schickte mir auch Bruder Hocker etwas Victualien[= Lebensmittel], wovor ich dem lieben Heyland und ihm sehr dankbar war. Denn hier in Behneße ist wenig oder fast gar nichts zu haben. Die Bauern, unter denen ich wohne, eßen und trinken wie bei uns zu Lande viel und es ist einem unmöglich, im Äußern in allen Stücken ihnen gleich zu stellen. Auch schickte Bruder Hocker mir auf mein Begehren die ins Arabische übersetzten ‚wenige' [eingefügt, wahrscheinl. Hockers Handschrift] [durchgestrichen: ganz] Berlinischen und 8 dito Bertelsdorffer Reden, wovon ich mir viel Segen verspreche. Auch machte eine Antwort des Bruder Hockers auf einen Brief des Caßies Johannes ins Arabische hier im Dorffe viele Freude. Die Menschen lesen es mit Segen und etliche sagen, Bruder Hocker wäre der 2. Paulus.

Den 27. ‚November' [eingefügt, Hocker] kam ein Copte nahmens Gabriel zu mir und sagte: „Malim Abd el Melak hat mir viel Gutes von dir erzehlt und daß es einem so wohl bei deinen Worten wäre. Ich komme zu dir, um dich auch kennen zu lernen, denn ich will dem Heyland mein Herz geben." Ich hatte eine rechte gefühlige Unterredung mit diesen Mann, denn er gestund mir zu, daß er ein großer Sünder war, der einen Heyland brauchte. O, wie willkommen sind einem solche Leute.

Nun, liebe Brüder, das übrige von meinem Diarium, nemlich was jetzt, solange ich mich hier noch aufhalte, vorkommen wird, hoffe euch persöhnlich zu überliefern. Empfehlt mich derweilen fleisig unserem lieben Herrn.

Den 28. November.

[neue Seite; ein leerer Absatz]

Den 28. November war ich von Früh bis in die Nacht fleisig mit Schreiben an meine lieben Brüder nach Cairo, weil des folgenden Tages von hier eine schöne Gelegenheit dahin ging.

Den 29. November kam Bruder Michael zu mir und konte mir seine Freude über die ins Arabische übersetzten Reden nicht genug bezeigen. „O", sagte er, „wie sollen wir dem Heyland genugsam dankbar sein, daß solche Friedensbohten aus fernen Landen sich zu uns, deren Kirche tot, ja mehr denn tot ist, kommen, um zu sehen. Ja, Bruder, der Herr vergelte euch eure große Mühe, hier zeitlich und dort ewig." Ich sagte: „Wenn wir nur sehen möchten, daß fein viele Copten ihrem Schöpfer, der sie gemacht und mit seinem Blute erkauft hat, kennen lernen, das ist uns Lohn genug." Es saßen noch etliche Copten dabey, an denen Bruder Michael eine rechte gefühlige Anrede von Gottes Menschwerdung und Tod hielt, und sie hörten ihm aufmerksam und verwunderungsvoll zu. Ich gab diesem Bruder erwehnte Reden darum zuerst durchzulesen, damit er dieselben kundig wird und sie denen anderen etlichen Seelen, die den Heyland kennen lernen wollen, cumunciren[sic; = kommunizieren] kan, denn er lieset, was er liest, mit einem besonderen Nachdruck.

Den 30. November erzehlte mir Bruder Michael, daß sein Schwiegervater in Benneschweyf ‚(oder Benesouef)' [am rechten Rand hinzugefügt] auch seines

Sinnes sey, und wünschte sehr, daß er einmahl so viel Zeit kriegen möchte, denselben mit mir zu besuchen. „Denn“, sagte er, „ich weiß gewiß, wenn mein Schwiegervater dich sehen und deine Worte hören wird, er sich freuen und dich ebenso lieb kriegen wird wie ich.“ Ich dankte dem lieben Heyland für diese Nachricht und es macht einem Hofnung, daß, so verwirrt es auch in der Coptischen Kirche aussieht, der Heyland dennoch ein Volck in derselben als einen Schmerzenslohn sich ausersehen hat, zu welchem Er uns nach und nach selber den Weg bereiten und uns die Thür zu ihrem Herzen öffenen wird.

Den 1. Dezember als am Abendmahlstage fühlte ich mich sehr arm, elend und sündig. Und es war mir fast unausstehlich, des Herrn Leib und Blut mit meinen Brüdern als ein höchst bedürftiger Gast an diesem Tage nicht mitgenießen zu können. Ich weinte mich zu Jesu Füßen recht satt und Er, das treue Herz, das sich immer nach dem Elende umsieht, tröstete ‚mich‘ [eingefügt] so, daß ich mich wohl zufrieden geben konte.

Den 2. Dezember besuchte mich der mehrerwehnte Silberschmidt Johannes, mit dem ich eine rechte gesegnete Herzensunterredung hatte. Er ist ein Mann, der würklich was anderes als die ordinäre Welt sucht. Ich bat ihn, seine Seligkeit doch ja auf nichts denn auf Jesum und Sein Blut zu gründen und sein Herz durch nichts beruhigen zu laßen, als bis er gewiß wiße, daß er als ein armer Sünder aus Gnaden und nicht durch Verdienst der Werke, allein um des bitteren Leidens und Sterbens Jesu Christi willen, seiner Sünden Schuldt los und ein seliger Mensch geworden sey. Er bedankte sich und sagte: „So was ist uns noch ‚nie‘ [eingefügt] verkündigt worden, durch Gottes Gnade will ich deinen Worten folgen und dich bitten, daß du auch meiner in deinem Gebeht gedenken wollest.“

Der Caßies Johannes aber machte es heute in Gegenwart meines Hauswirts so mit mir, daß ich ihm meine Gemeinschaft aufkündigen muste, denn er leugnete, daß das Verdienst Christi allein genug sey, die Menschen selig zu machen. Es that mir einerseits sehr weh um ihn, andererseits aber dankte ich auch dem Heyland, daß ich seines Herzens Grund kennen lernte. O, der Teufel hält sehr fest über die armen Seelen, um sie in ihrer Blindheit zu erhalten. Und wenn nicht der treue Heyland einen besonders tröstete, so verzagte man zuweilen.

Den 3. Dezember hätte ich gerne gesehen, daß wir heute den Anfang mit Lesen der ins Arabische übersetzten Reden gemacht hatten, weil aber am verwichenen Sontag ein Caschef* ‚*das ist ein Sous-Gouverneur einer Provinz‘ [am linken Rand hinzugefügt] mit 70 Mann Soldaten hier eingerückt war, um die ‚F…reißen‘ [arab.?, durchgestrichen und darüber eingefügt:] ‚Abgaben‘ des Landes einzufordern, so hatte Bruder Michael so viel zu thun, daß er keine Stunde abkommen konte. Und ich vertröstete die etlichen Seelen, die ein Verlangen haben, dieselben zu hören, bis auf eine gelegentliche Zeit.

Den 4. Dezember kam abends Johannes, der Caßies wieder zu mir, bereuhete seine vorgesterige [durchgestrichen: Hald] Handelweise und sagte: „Wie Petrus habe ich verläugnet, aber wie Petrus will ich auch wiederkeren. Mein Herz ist in

Ängsten, O Bruder. Um Christi willen, vergib es mir und gönne mir nach wie vor deine Gemeinschaft und Umgang." O, wer war wohl williger, ihm zu vergeben denn ich und wer freuete sich mehr über ihn denn ich, aber ich wies ihn sehr ernsthaft auf die Bekantschaft und den täglichen Umgang mit dem Heyland.

Den 5. Dezember besuchten mich ein paar Copten von einem anderen Dorffe. Sie fragten mich (wie sie denn alle zurecht darnach fragen), ob wir in unserem Lande auch fasteten, Antwort: „Nein". „Gott bewahre", fuhren sie fort, „so seid ihr ja keine Christen." Ich fragte sie, ob sie lesen könten. Antwort: „Ja". So dann schlug ich ihnen das 14. Capitel an die Römer auf, welches sie mit besonderem Vergnügen lasen, und sagten: „Das haben wir nie gelesen." Und ich sagte ihnen weiter, daß solange ich unter den Copten gewohnt hatte, fastete ich wie sie, um niemandem aergerlich zu sein. Bey Gott aber könte niemand, weder durch Fasten noch andere gute Werke, sich das Geringste zu Wege bringen, sondern ein jeder, dem an seiner Seligkeit gelegen sei, müße als ein nackentter[sic; = nackter] und bloßer armer Sünder, der da wiße und fühle, daß er nichts als Hölle und ewige Verdamnis [durchgestrichen: schuldig sey] ‚verdienet' [eingefügt], zu Jesu kommen und in deßen Blut und Tod Gnade und Barmherzigkeit suchen und ich kan euch Gott Lob aus Erfahrung sagen, ein solcher findet es auch. Darnach hat man Lust, die Sünde und alle Ungerechtigkeit zu verlaßen und mit Freuden Gott zu dienen. Solange aber ein Mensch die Sünde noch lieb hat, können unmöglich seine Werke Gott gefallen. „Ey", sagten sie, „man möchte dir lange zuhören. Du bist gewis ein beßerer Christ wie wir alle, besuche uns auch einmahl in unserm Dorffe."

Den 7. Dezember besuchte mich ein sehr guter Freund, der Cummus Ibrahim (Cummus ist so viel wie bei uns ein Propst) ‚oder vielmehr Ober-Pfarrer' [am rechten Rand hinzugefügt], nebst einem ihrer Klosterbrüder und sagte: „Da hast du nun einen heiligen Mann so wie du bist." Ich antwortete: „Ich bin ein armer Sünder und weiß von keiner anderen Heiligkeit, als die mir täglich aus dem für mich gecreuzigten Leichnam und dem für meine Sünden vergoßenen Blute Jesu Christi zufließet, denn wer hier von der Kraft einmahl erfahren hat und täglich und stündlich als ein bedürftiger Sünder da alles hernimt, der ist wahrhaftig heilig." Aber vor dieser Sprache hatte der arme Klosterbruder keine Ohren, viel weniger ein Herz. Beim Weggehen hörte ich den Cummus auf der Straße zu ihm sagen: „Bei diesem Menschen findet man nie nichts als lauter Liebe Christi."

Den 8. Dezember speiste ich zu Mittag bey Johannes, dem Silberschmidt und hatte rechte gesegnete Unterredungen vom lieben Heyland mit ihm. Er ist ein lieber und hoffnungsvoller Mensch. Seine Frau ist jetzt 11 Jahre alt und er hat sie schon vor 3 Jahren geheurahtet, hieraus können meine lieben Geschwister die Haushaltung der Copten sehen. Johannes, der Caßies, war diese Tage recht sünderhaft und gefiel ‚mir' [eingefügt] wohl. Heute kam er zu mir und sagte: „O Bruder, wie ist mir so bange, indem du nun balde von uns reisen wirst, wer soll uns darnach den Weg zum Heyland weisen?" Ich sagte ihm: „Gott, der Heilige

Geist, wird einem jeden von euch, dem es wahrhaftig um nichts als um Jesum zu thun ist, allezeit den besten und kürzesten Weg zeigen, denn das ist der beste Lehrer."

Den 9. Dezember besuchten mich etliche Copten, denen ich die große Sünderliebe ihres Schöpfers und Erlösers anpries. Sie kamen würklich auf den betrübten Irrthum von den 2 Naturen in Christo, nemlich sie redeten unter sich, daß die Catholicken und Griechen lehreten, daß sich die göttliche Natur mit der menschlichen Natur vereiniget habe, und sagten: „Wir möchten doch hören, was Malim Hanna davon sagt." Ich aber that, als hörte ich es nicht. Bruder Michael, der auch dabei war, sagte: „Ich will ihn fragen". Und er redete mich also an: „Höre Bruder Hanna, was sagest du von diesem Satz* *der 2 Naturen' [am linken Rand hinzugefügt; wahrscheinl. Hocker] in unserem Heylande?" Ich antwortete: „Gläubest du, daß Jesus Christus der wahrhaftige Gott ist?", Antwort: „Ja, Er ist das ewige Wort, durch welches alle Dinge gemacht sind und ohne welches nichts gemacht ist, was gemacht ist." „Recht", sagte ich. Frage: „Gläubest du auch, daß Jesus Christus wahrhaftiger Mensch ist?" Antwort: „Ja." „Ey nun", sagte ich, „mehr weiß ich nicht und begehre auch nicht mehr zu wißen, sondern ‚es' [eingefügt] ist mir beßer diese große Sache, welche allen Verstand übersteigt, daß mein Gott aus ewiger Liebe zu mir schnöden Sünder wahrhaftig ein Mensch geworden, um mich durch Sein bitteres Leiden und Sterben von allem Fluche, worunter ich mit der ganzen Welt gefangen lage, zu befreien, täglich und stündlich in meinem Herzen zu erwägen." Bruder Michael sagte: „O Bruder, das ist genug, mehr begehre ich auch nicht zu wißen." „Und", fuhr er fort, „wenn ein jeder von uns den Heyland bittet, daß Er sich über ihm erbarmen mag, dabei werden wir seliger fahren denn bey solchen unnützen Gedanken." Und es hatte weiter niemand ein Wort einzuwenden.

Den 10. Dezember zog der Caschef mit seinem Corps Soldaten wieder von hier ab und Bruder Michael krigte nun wieder ein wenig Ruhe. Wir freuten uns und gedachten jetzt mit etlichen Seelen eine Versamlung anzufangen.

Den 11. Dezember aber muste Bruder Michael in Geschäften des Ali Begs schon wieder über Feld reisen und alles übrige Volck im Dorffe ging diese Tage in der Dorraernte * ‚*Dhorra ist eine Art türkischen Korns, das so kleinkörnig wie Hirse ist, und davon die armen Leute Brot backen und eßen.' [am linken Rand hinzugefügt], so daß hier vor dieses mahl nicht viel mehr ‚für mich' [eingefügt] zu thun war, und ich sehnte mich, um einmahl wieder zu meinen lieben Brüdern nach Cairo zurückzukehren, um mich mit ihnen zu erquicken, denn ich fühlte, daß ich es nötig hatte. Es besuchte mich heute des Bruder Michael sein ältster Sohn, ein Knabe von etwa 12 Jahren, und sagte: „Mein Lehrmeister, der Caßies Hanna, und mein Vater haben dich sehr lieb, aber ich habe dich gewis lieber als sie alle." Ich fragte ihn: „Warum hast denn du mich so lieb?", Antwort: „Weil ich durch deine Worte den Heyland lieb gekrigt habe." So sagte ich: „Wenn das wahr ist, daß du würklich den Heyland lieb hast, so freue ich mich über dich und habe dich auch lieb." „Ja", sagte er „dessen kanst du versichert sein, daß ich den Heyland lieber habe denn die ganze Welt.“ Frage: „Warum hast du denn den Heyland so lieb?“ Antwort: „Er hat Sein Blut für mich vergoßen und lebet nun in Ewigkeit, und wenn ich Ihn liebe, werde ich auch ewig sein, wo Er ist. Die Welt aber vergeht und wer die Welt lieb hat, der wird mit ihr vergehen, ist es dann nicht beßer, daß ich den Heyland liebe? Und wenn ich größer werde, will ich mit dir in dein Land ziehen und bei deinen Brüdern wohnen.“ Frage: „Wenn du den lieben Heyland liebest, wie geht es dir denn unter denen gottlosen Knaben, die die Sünde lieb haben?“ Antwort: „Wenn wir unsere Lection miteinander gelernt haben, gehe ich weit von ihnen und bitte den Heyland, daß Er mich vor ihnen bewahren wolle, und es darf auch keiner von ihnen mir ein Wort sagen, denn sie fürchten sich vor meinem Vater.“ Dieser Knabe erfreute mein Herz durch seinen Besuch, ich hatte ein liebliches Gefühl bei ihm und bat ihn, mich öfters zu besuchen, welches er mir auch versprach und treulich gehalten hat.

Den 13. Dezember kam Bruder Michael wieder nach Hause und besuchte mich sogleich. Ich finde Ihn bei allen seinen weitläuftigen Geschäften unverrückt im Umgang mit dem lieben Heyland. Er ist ein sehr verständiger Mann, seinem Herzen nach aber ist er wie ein Kind und hört von nichts lieber reden als von Gottes Menschwerdung, Marter und Tod.

Den 15. Dezember ging ich in Gesellschaft des Bruder Michaels einmahl wieder mit in die coptische Kirche zu einem Caßies, der mich mit vielen läppischen Fragen incomodiren[= inkommodieren = bemühen] wolte. Michael sagte: „Fraget meinen Bruder Hanna nicht so viel um Sachen, welche ihm nicht gemühtlich sind, sondern wenn ihr was Rechtes von ihm wißen wollet, so fraget ihn um Jesum den Gecreuzigten, da wird er euch mit Freuden antworten, und du und ich [durchgestrichen: unser] und all unser Volk, welches hier ist, können Segen davon haben, denn was hilft alles andere Wißen auser Jesu?“ Mein Freund, der Cummus Ibrahim, der auch dabei war, sagte zu Michael: „Du hast recht, Jesus ist genug, wer den wahrhaftig lieb hat, das sehen wir an unserem Malim Hanna, was vor Menschen das sind, und laßet uns den Heyland bitten, daß Er sich über uns alle erbarmen wolle.“ Wir blieben die ganze Nacht in der Kirche und ich und Bruder Michael legten manches Zeugniß vom lieben Heyland und Seinem blutigen Verdienste ab. Übrigens schickte ich mich diese Tage zu meiner Reise nach Cairo an.

Den 16. Dezember nahm ich in besonderer Freundschaft sowohl von den 4 Coptischen Priestern in Behnesse als auch in verschiedenen anderen Häusern, insbesondere aber von denen etlichen Seelen, die mein Zeugniß von der Versöhnung Jesu angenommen haben und ein ganzes Eigenthum des Lammes zu werden mir versprachen, als Michael Ibrahim, Johannes dem Caßies, und Johannes dem Silberschmidt, mit einen besonderen Liebesgefühl Abschied. Wir konten uns beiderseits der Tränen nicht enthalten. Ich ermahnete sie, den Heyland doch kindlich zu bitten, daß Er das in ihnen angefangene gute Werk [durchgestrichen: in] vollführen wolle und ihnen einen ewig bleibenden Eindruck von Seinem blutigen Leiden und Sterben in ihr Herz schenken und einen jeden insbesondere durch dasselbe der wahren Kindschaft Gottes versichern möge. Sie versicherten mir mit Tränen in den Augen, daß sie nichts mehr, weder in dieser noch in jener Welt, als nur dieses suchten und begehrten. Sie empfohlen sich meiner und aller meiner Geschwister Gebeht und sagten: „Verlaße uns doch ja nicht, sondern komme balde wieder zu uns." Auf ihr inständiges Bitten lies ich die ins Arabische übersetzten Reden bei ihnen zurück und gab dieselben an Bruder Michael über. Abd el Melak, der auch mit zu dieser kleinen Geselschaft gehört, war nicht gegenwärtig, sondern nach Cairo gereiset und wird daselbst die Brüder Hocker und Antes besuchen.

Den 17. Dezember, da die Losung hies: „Aller Welt Ende sehen das Heil unsers Gottes. Wir sehen in der Nähe und von Weitem, wie sich der Segen über alles breitet", verließ ich vor dieses mahl mein liebes Behnesse. Es war mir ganz eigen ums Herze und ich vergoß zu meines lieben Heylands Füßen manches Scham-, Freuden- und Sündertränlein und legte diesen Ort Ihm auf Sein erbarmungsvolles Herz. Denn Behnesse scheint doch der Platz zu sein, wo unser Herr die ersten Feuerfuncken Seiner blutigen Liebe in Egyptenland unter den armen, in großer Finsterniß herum irrenden Copten ausstreuen will. Wiewohl ich am erwehnten Tage des Morgens sehr früh abreisete, hatten sich doch vor meinen Logie sehr viele Copten versamelt, um noch ein mahl Abschied von mir zu nehmen, und da ich zum Ort hinaus ging, folgten mir viele Weiber und weinten laut. Mein Freund, der Cummus Ibrahim, begleitete mich eine gute Stunde lang und da er Abschied von mir nahm, sagte er: „Nun, mein lieber Johannes, unser Dorff ist dein Dorff, vergiß uns nicht, grüße alle deine Brüder von uns und du, komm doch ja balde wieder." Johannes, der Silberschmidt und noch 3 Männer begleiteten mich bis an den Nil, unter welchen sich auch befand Abd el Meßieh, mit dem ich aus Girge nach Behnesse gereiset bin und der sich nebst seinem Sohn eine zeitlang sehr feindselig gegen mich bewiesen hatte. Heute wolte er in Tränen zerfließen, bat mich sehr um Vergebung und sagte: „Lieber Bruder, wiewohl ich es nicht wert bin, daß sich der Heyland nach mir umsieht, denn ich bin ein großer Sünder, so bitte ich dich doch, daß du und deine lieben Brüder in eurem Gebeht an mich gedenken wollet", welches ich zu thun ihm auch versprach und krigte ihn recht lieb. Am Nil muste ich, weil kein Schiff nach Cairo da war, 24 Stunden unter freiem Himmel liegen bleiben. Ich empfahl mich meinem lieben Heyland und Er bewahrte mich vor allem Schaden. Es waren auch etliche [durchgestrichen: Türcken]* ‚*Muhamedaner' [am rechten Rand hinzugefügt] da, welche auch auf ein Schiff warteten, diese waren recht freundlich mit mir.

Den 18. Dezember mietete ich nebst einem Arabischen Scheg und noch 3 [durchgestrichen: Türkischen] ‚Arabischen' [eingefügt] Kaufleuten ein expresses kleines Fahrzeug und traten in der Nacht unsere Reise an und trieben so sagte[sic; = sachte] mit dem Strom den Nil herunter.

Den 19. Dezember erreichten wir abends das Städtgen Benneschweyf ‚(Benesouef)' [am rechten Rand hinzugefügt] und blieben da über Nacht liegen. Weil die [durchgestrichen: Türcken] ‚Muhamedaner' [eingefügt] ihren Rammadan oder Fasten hatten, so ging es auf dieser Reise sehr unordentlich zu, denn in der Nacht aßen und trunken sie und rauchten ihren Tobak und am Tage schliefen alle, und unser Schif trieb, wohin es Wind und Waßer lenkte.

Den 20. Dezember paßierten wir einen cairinischen Beg, welcher mit einem großes Corps Soldaten nach der Stadt Girge zog, vorbei. Sie hatten ihr Lager dichte am Nil im Felde aufgeschlagen und es ist ein türkisches Lager, recht prächtig anzusehen.

Den 21. December kam ich wieder in Cairo bei meinen Brüdern Hocker und Antes zu unserer allerseitigen Freude an. O wie so lieb und wichtig sind mir meine lieben Brüder aufs Neue geworden und wie groß ist es mir, ein mahl nach so langem in der egyptischen Finsterniß allein Herumpilgern wieder in ihrer Mitte zu sein.

[1.4.1771-24.5.1771] [6]

Nachdem ich mich nun wieder 3 Monate bey meinen lieben Brüdern erquicket und in Sonderheit in der so geseegneten Marterwoche mich aufs Seeligste mit ihnen in Gottes Marter geweidet hatte, so reiste ich am 1. April 1771 mit etlichen Copten in Gesellschaft vieler Araber abermal auf einen Besuch nach Behnesse und dortiger Gegend ab. Unterwegens wurde ich mit einem coptischen Priester aus Samalut und mit einem coptischen Handelsmann aus Kloshonne bekannt, welche mich invitirten, sie an ihren Orten zu besuchen. Auch ließ sich ein arabischer Schech mit mir in ein Gespräch über meinen Glauben ein, welches ich ihm einfältig beantwortete. Er krigte mich lieb und bewies mir die ganze Reise alle Freundschaft, bot mir auch sein Haus und Logis an, wenn ich etwa nach Kloshonne käme. Der liebe Heyland schenkte mir eine geschwinde Reise, wofür ich Ihm um so viel danckbarer war, weil das Schiff so voll Menschen war, daß man Tag und Nacht in einem weg sitzen oder stehen muste, denn legen konnte man sich nie. Doch hatten wir 2 Tage sehr contrairen Wind und den 3. April ein solches Sandgestöber aus Südosten, daß man kaum Athem schöpfen konnte, und das Gefühl leidet bey solcher Gelegenheit sehr.

Den 5. April kam ich nachmittags in Behnesse an. Die Losung des Tages war mir tröstlich: „Da du anfingst zu beten, ging ein Befehl aus, und ich komme darum, daß ich dies anzeige, denn du bist lieb und werth. Er zehlt, wie oft ein Christe wein und was --- legt es bey?“[sic] Welches ich schon oft die Zeit her erfahren habe und künftig noch erfahren werde. Weil heute just der Copten ihr Charfreytag war, so fand ich fast niemanden zu Hause, sondern alles war in der Kirche, welche, wie schon mehr erwehnt, eine gute Stunde vom Ort liegt. Ich gab meine Sachen bey meinem Reisegefehrten Salib Samaluti in Verwahrung und ging sogleich nach der

6 Bruder Dancks Diarium aus Behnesse vom 1. April bis 24. Mai 1771. Ab hier nicht mehr die Handschrift von Dancke, sondern von Antes.

Kirche, um meine Bekannten daselbst zu grüßen, und weil es in der Kirche schon bekannt worden war, daß ich unterwegens sey, kamen die 4 Cashies und alles Volk mir auf dem Wege entgegen und empfingen mich mit vielen Freuden. Mein sehnlicher Seufzer dabey war: „Ach, liebster Heyland, möchten sie sich einmal deiner Zukunft freuen.“ Aber ach, sie folgen den Fabeln und können es noch gut dabey schaffen. Das Zeugniß von Jesu, unserm treuen Heyland, ist ihnen wie ein altes Märchen und sie treiben ihr Gauckelspiel damit. Und wenn nicht Gott, der werthe Heilige Geist, einen im wahren Glauben bey Jesu Liebe erhielt und einem im Herzen versicherte, daß bey Gott kein Ding unmöglich ist, so kehrte man zurück und dächte, man mühte sich vergeblich um dies Volck. Der Cashies Hanna, Ibrahim und Abd el Melak und Hanna Sayche kamen, mich noch besonders zu bewillkommen, da ich aber mit ihnen sprach, wurde ich gewahr, daß bey ihnen auch alles wieder erstickt war und ihre Herzen waren so tot wie die aller übrigen Copten. Ich ward sehr betrübt, ging vor mich alleine, weinte und betete zum lieben Heyland und Er, das treue Herz, tröstete mich unaussprechlich mit Seiner lieben Nähe und gab meinem Herzen die feste Versicherung, daß so groß auch die Finsterniß über dem armen coptischen Volk ist, es dennoch bey Ihm nicht unmöglich sey, durch die Kraft Seiner blutigen Liebe Herzen unter ihnen zu erweichen und sich einen Lohn Seiner Schmerzen aus ihnen zu sammeln und also Seine arme Kinder über ihrer Hoffnung nicht zu Schanden werden sollen. Ich stund wie von Neuem gestärckt von meinem Gebet auf und trat mit getrostem Muth wieder unter die Copten, hatte viele Fragen zu beantworten und mein lieber Heyland bekannte sich zu mir. Michael war nicht in der Kirche, sondern auf dem Lande, kam aber diesen Abend auch her, und da ich ihn sahe und sprach, konnte ich mich doch über diese Seele freuen und dem lieben Heyland danken, daß Er diesen Mann bey seinen weitläuftigen Weltgeschäften doch in der Gnade erhält. Er erzehlte mir mit Gefühl, wie schwer es ihm oft fiel, so ganze Monate mit Menschen und insonderheit mit den türkischen Soldaten, welche nichts von Christo wißen, umzugehen und daß er in manche Umstände gerieth, die ihn vom Heyland abbringen könnten, ja daß er oft halbe Tage und wohl den ganzen Tag in verdrießlichen Geschäften zugebracht, während der er nicht an den Heyland gedacht habe, daß ihn aber der Heyland immer wieder erinnere, es doch nicht zu vergeßen, was der liebe Heyland schon an ihm gethan habe, und fuhr er fort: „Da bitte ich denn den lieben Heyland, mir es doch zu vergeben und mich nicht zu verlassen, da wird mir denn der liebe Heyland wieder nahe und macht mein Herz voll Freuden und diese Seeligkeit genieße ich am meisten in der Nacht, wenn alles stille ist und ich alleine bin.“ Ich sagte ihm hierauf, daß ich mich zwar über ihn freue, ihm aber doch von Herzen wünsche, daß er lernen möchte, daß man augenblicklich und stündlich als ein armer Sünder mit dem lieben Heyland umgehen kan und daß man all sein Elend, welches einem von innen und außen vorkomt, zu Ihm bringen und sich stets Rath und Trost bey Ihm holen kan. Da sagte er: „So finde ich es auch in den Reden, die uns Malim Hocker aus Cairo geschickt hat und die ich, wenn ich Zeit habe, oft mit vielem Seegen lese, und bitte den Heyland, daß Er es mir so machen wolle.“ Der liebe Heyland erhalte uns diesen Mann, denn er ist ein guter Geruch Xsti [=Christi], nicht allein in seinem Ort, sondern auch in allen umliegenden Dörfern. An seinem Bruder Ibrahim ist vor die Zeit noch nichts, und was er hatte, hat er wieder verloren. Ich blieb bis in den 3. Tag bey den Copten in der Kirche und sahe ihre betrübten Gottesdienste mit Mitleiden an. Insonderheit, da sie nach ihrer Art die Auferstehung des Heylands begingen, war es nicht anders anzusehen, als ob man lauter Comödianten auf dem Theater sieht, ja noch mehr wie lauter rasende Menschen. Inzwischen legte ich in diesen Tagen manches Zeugniß von der alleinigen Seeligkeit im Blute Jesu ab. Ein coptischer Schreiber nahmens Stephanus vergoß viele Thränen und noch eines Coptischen Bauernsohn nahmens Abd Allah krigte mich sehr lieb, beyde invitirten mich, sie an ihren Orten zu besuchen.

Den 7. April kehrte ich nach Behnesse zurück und dachte nun, mein Logis bey Hanna Sayche zu nehmen, weil aber sein Haus nicht in die Mauern des Orts mit eingeschloßen, sondern außen liegt, so rieth mir jederman ab, da einzuziehen. Bruder Michael war auch bedenklich und gab sich alle Mühe, ein sich für mich schickliches Logis auszufinden, weil aber keins zu haben war, so resolvirte er, mir eine Kammer im Hof des Cumus Ibrahim aufbauen zu laßen. Hirbey aber war mir nicht wohl, denn wiewol der Cummus mein sehr guter Freund ist, so wolte ich, um die Sache des Heylands zu treiben, doch lieber weit von ihm als in seinem Hof wohnen. Ich konnte aber weiter nichts thun als den lieben Heyland bitten, daß Er doch vor mich sorgen wolle, und siehe was geschah! Da just dieser Bau solte angefangen werden, so war in der Nacht zuvor ein Weib, welches ein nach hiesiger Art recht hübsches Kämmergen inne gehabt, Schulden halber davon gelaufen. Der Cumus Girges und der Cashies Hanna waren, ohne daß ich noch etwas um die Sache wuste, sogleich zu dem Eigner dieser Kammer gegangen, um dieselbe vor mich in Bespäch[sic; = Bespräch] zu nehmen, und derselbe war auch gleich willig, sie mir zu überlaßen. Erwehnte 2 Cashies kamen darauf gleich zu mir und benachrichtigten mich von dieser Sache. Ich dankte ihnen sehr und nahm dieses als aus der Hand des lieben Heylands an. Da ich diese Kammer sahe, freute ich mich wie ein Kind, denn sie hat gar keine Conexion mit anderen Häusern, sondern ist oben auf ein anderes Haus gebaut und die Treppe geht auswendig[= von außen] hinauf. Ich miethete sie sodann auf ein Jahr vor einen Real mit der Bedingung, daß sie der Hausherr erst repariren und ich die Miethe im voraus bezahlen solte, wozu wir uns beiderseits verstunden. Ich bin dem lieben Heyland recht danckbar davor. Nun ist, es sey daß ich in Behnesse oder sonst wo bin, diese Kammer meine und ich bin nun ganz alleine, daß wenn eine Seele mit mir sprechen will, wir ungestört seyn können. Bruder Michael freute sich auch sehr darüber. Inzwischen logirte ich die etlichen Tage bey Salib Samaluti und hatte vielen Besuch von Copten.

Den 10. April empfahl sich Bruder Michael bey mir ins Andenken und reißte wieder mit 2 Soldaten unter die Araber, um vor den Ali Beg Geld einzutreiben.

Den 11. April war alles, was in dieser Straße wohnt, geschäftig mit Herbeytragen und Reparirung meiner Kammer, denn ein jeder wolte gern Theil dran haben. Ich kan mich in Wahrheit nicht genug wundern, daß die armen Copten in Behnesse, da sie doch noch tot im Herzen sind, mich durchgängig so lieb haben. O, wie ofte weine und bete ich für sie zum lieben Heyland, daß sich doch ein mal nach ihm wahrhaftig verlegene Seelen finden möchten.

Den 12. April bezog ich mein Kämmergen und weihete daßelbe meinem lieben Heyland mit meinem armen Gebet auf meinem Angesicht zu Seinen durchborten Füßen ein und bat Ihn unter milden Thränen, daß Er doch ein und die andere Seele, welche mich hier besuchen käme, wie dort der Lydia das Herz aufthun möchte, auch daß sie ein Wort des Lebens mit wegtragen und ewig nicht wieder los werden mögen. Der liebe Heyland bekannte sich unbeschreiblich nahe zu mir und ich gab mich Ihm mit Leib und Seele zu all Seinem gnädigen Willen aufs Neue gänzlich hin.

Den 13. April besuchten mich alle 4 Cashies zugleich und bezeigten ihre Freude, daß ich nun so ein hübsches stilles Kämmergen für mich allein hätte, und sagten: „Jetzo sollst du aber auch nicht so balde wieder ans Weggehen dencken." Ich antwortete ihnen, möchte ich nur fein viele nach Jesu hungernde und dürstende Seelen finden, das übrige würde sich schon machen. Der Cummus Ibrahim sagte: „Sey getrost, Gott wird sie dir zuweisen."

Den 14. April besuchten mich der Cashies Hanna, Abt el Melak und Hanna Sayche. Ich redete ihnen ernstlich zum Herzen mit folgenden Worten: „Liebe Herzen, ich habe schon gewünscht, euch einmal allein zu sprechen, und ich will euch nicht verbergen, daß ich betrübt über euch bin, denn ich nehme an euch wahr, daß eure Herzen so kalt und lieblos gegen unseren Erlöser sind wie alle übrige Weltmenschen. Will euch aber auch versichern, daß es euch der Heyland nicht zu Gute halten, sondern es dereinst von euch fordern wird, denn ihr wißt schon mehr als andere Copten von Ihm und habt auch schon ein Füncklein Seiner Liebe in euren Herzen geschmeckt." Und dabey erinnerte ich sie an alle die Orte, wo ich mit Seegen von der grösten Versöhnung im Blute Jesu gesprochen, und fragte sie, ob sie mir nicht mit Hand und Mund versprochen hätten, ein ganzes Eigenthum Jesu zu werden. Sie verstummten und konnten mir nicht antworten. Abd el Melak aber stund auf, seufzete sehr und fing an laut auszurufen: „O Jesu, du Heyland der Welt, erbarme dich meiner!" und ging mit Thränen in den Augen weg und er gibt seitdem täglich beßere Hofnung von sich, daß er ein ganzer Lohn der Schmerzen Jesu werden wird. Die andern beyden blieben auch nicht ungerührt, wovon ich nachher liebliche Spuren an ihnen wahrgenommen habe.

Den 15. April früh schickte Abd el Melak, welcher sehr plötzlich krank geworden war, zu mir und ließ mich bitten, ihn doch zu besuchen, welches ich auch that und hatte gesegnete Herzensunterredungen mit ihm. Übrigens hatte ich diese Tage Gelegenheit, manchen armen Copten den Tod ihres Schöpfers und Erlösers zu verkündigen, aber ihre Herzen waren wie Kieselstein. Etliche thun zwar, als ob sie sich über die Geschigte[sic; = Geschichte] von Gottes Menschwerdung und Tod wundern, es ist aber nur Heucheley. Andere aber stehen und lachen einen aus.

Den 16. April war unter denen 4 Cashies oder Priestern eine große Uneinigkeit entstanden. Ich kam just dazu und auf mein Anrathen versöhnten sie sich sogleich miteinander, wofür der Cumus Ibrahim, bey dem ich Abends speisen muste, sehr danckbar war.

Den 17. April schrieb ich an meine Brüder nach Cairo.

Den 19.April hatte ich mit Abd el Melak und dem Cashies Hanna geseegnete Herzensgespräche. Ersterer klagte über sein Elend und Unglauben, womit ich ihn zu dem blutigen Versöhner wieß. Der Cumus Girges war auch dabey. Dieser fragte mich, was ich von den 2 Naturen in Xsto[= Christo] hielt. Ich aber sagte: „Was hältst du davon?" Er sagte: „Wir Copten glauben, daß in Christo nur eine Natur ist und die göttliche die menschliche gänzlich verschlungen habe und daß zwar Xstus[= Christus] gegeßen und getrunken hat, hat aber seine Speise und Tranck, welche Er zu sich genommen, nicht wie andere Menschen durch den natürlichen Gang verdauet und wieder von sich gegeben, sondern der heilige Geist hat alles in Ihm verschlungen." Ich sagte: „Du armer Mensch irrst dich sehr und weist selber nicht, was du redest oder glaubest, und kanst mir ja solches aus heiliger Schrift nicht beweisen. Ich kan dir aber aus Gottes Wort beweisen und habe auch die Gnade, es in meinem Herzen fest zu glauben, daß Xstus[= Christus] wahrhaftiger Gott ist und auch daß Er als wahrhaftiger Mensch geboren und allerdings Seinen Brüdern gleich worden, ausgenommen die Sünde. Hat aber meine und deine und der ganzen Welt Sünde auf Seinem allerheiligsten Leibe an dem Holz getragen und für uns alle den bitteren Tod geschmeckt." „Und", fuhr ich fort, „lieber Cashies, bitte deinen Erlöser, daß Er dir diesen Glauben auch in dein Herz schencken möge, das wird dir nützlicher seyn, als daß du so mit deinem Gemüth im Finsteren herum schwärmest." Er sagte hierauf zu mir: „Ich habe dich lieb, du bist ein glücklicher Mensch."

Den 21. April hörte ich, daß in Behnesse unter dem Volke viel Redens von mir sey und daß einige sagten, ich wolte eine neue Lehre unter den Copten anfangen, andere aber sagten, sie hätten noch nie nicht von mir gehört, daß ich anders lehre, als Xstus[= Christus] und Seine Apostel auch gelehrt haben, und wenn ich mit ihnen redete, so könnten sie es mir ja ansehen, daß mein Herz so dencke wie mein Mund rede. Da habe mein ehmaliger Hauswirth Salib Ibrahim gesagt, sie irrten sich sehr, denn wenn ich lehren wolte, wie die Apostel gelehrt haben und begehrte, daß jetzo auch die Menschen wieder so werden solten, wie die Xsten[= Christen] zur Apostel Zeit gewesen sind, so müste ich auch Krancke gesund machen, Schlangen vertreiben und alle die Zeichen und Wunder thun, die die Apostel gethan haben. Alsdann wolle er auch meinen Worten glauben, eher aber nicht, und diese seine Meynung habe großen Eingang gefunden. Man sieht daraus, wie geschäftig der Satan ist, um ja kein Samenkörngen[= Körnchen] unter dem armen an seinen Stricken gefangen liegenden Volcke aufkommen zu lassen. Mein großer Trost aber ist, daß unser Heyland viel mächtiger ist als der Satan und kan ihm schon, wenn Seine Gnadenstunde über dies arme Volck geschlagen hat, den Hals zerbrechen.

Den 23. April war hier ein solcher Sturm und Sandgestöber aus Süden, daß man nicht von einem Haus zum andern sehen konnte, und alle Menschen waren wie taumelich im Kopfe. Hanna Sayche war etliche Tage sehr finster und zog sich zurücke, Abd el Melak aber ließ ihm keine Ruhe, sondern besuchte ihn fleißig und sagte: „Komm, laß uns doch zum Heyland gehen und Ihn bitten, daß Er uns ein neues Herz geben möge, denn wo wollen wir sonst hingehen?" Diesen Abend besuchten sie mich alle beide und da sie weggingen, sung ich ihnen mit Thränen nach: „Nimm sie in die Wunden ein, in die --- Seelen."

Den 24. und 25 April gingen entsetzlich viele Araber hier wallfahrten und es war eine große Unruhe im Ort. Die Ursache, warum die Araber hier wallfahrten, ist, weil in und um Behnesse 5000, 500 und 25 Schechs oder Mahametanische Geistliche begraben liegen.

Den 26. April kam der Cumus Girges zu mir und fragte mich, ob es wahr sey. Er hätte gehört, daß ich Corban[= Opfer] und Opfer machen wolte, um, wenn Michael zu Hause käme, mit ihm und den übrigen, welche meinen Worten folgen, das Abendmahl zu halten. Ich sagte: „Lieber Cumus, ich weiß nicht, ob es nöthig ist, dir eine solche Frage zu beantworten, denn ich sehe dich vor verständiger an, als daß du solchen Worten glauben soltest." „Ich habe es auch nicht geglaubt", sagte er, „habe es dir aber doch sagen wollen, denn die Menschen reden jetzo viel von dir." Es sind dieses eben alle arme Seelengenossen, er nahm es in Liebe von mir an und versprach, meinen Worten zu folgen.

Den 10. Mai [durchgestrichen: zeigten] zeigten mir die Priester in Behnesse etliche von ihren Glaubensbüchern, welche davon handeln, was vor Macht der Jungfrau Maria gegeben sey, um die Menschen vom ewigen Verderben zu erretten. Sie lasen mir etliche Stücke daraus vor, worüber einem die Haare zu Berge stehen, und ich erstaune, da ich nun immer mehr gewahr werde, welch eine grausame Finsternis über diesem armen Volcke schwebet. Ich will nur einen Artikel hierher setzen, damit meine lieben Geschwister doch sehen mögen, welche Blendwercke ihnen der Feind vormahlet und welches sie viel mehr glauben als das Evangelium. Es heißt nemlich unter anderem in ihrem Kirchenbuche also:

„Es waren ein paar Eheleute, welche die große Fasten nicht strickt genug hielten, und lebten in der Nacht des Charfreytags, da die Fasten am allerstrengsten ist, miteinander in Lüsten. Darüber ward die Frau unruhig und sagte: „Dasjenige, was hiervon geboren wird, gehört billig dem Satan." Und nach geendigter Zeit habe sie einen Sohn geboren. Da nun der Sohn groß wurde, weinte die Mutter sehr über ihn. Endlich fragte der Sohn die Mutter, warum sie ihn so beklage und so sehr über ihm weine. Darauf sagte ihm die Mutter die Ursache und daß er unwiedersprechlich dem Teufel gehöre. Hierüber ging der Sohn sehr betrübt zum

Patriarchen und begehrte, daß er ihn vom Teufel losmachen solte. Der Patriarch gab diesen Knaben einem sehr heiligen Priester und befahl demselben, daß er mit dem Knaben auf einen Berg allein gehen und beten, aber niemand über ihn anrufen solte als die Jungfrau Maria, denn er fürchte, daß wenn er Gott über ihn anrief, derselbe zu eifrig seyn und ihn gleich in die Hölle werfen möchte. Sodann betete der Priester 2 mal und krigte keine Antwort, da er aber zum 3. mal mit dem Knaben auf den Berg stieg und die Maria sehr kläglich über ihn anrief, fielen Corbane oder Opferbrote vom Himmel und eine Stimme sagte zu dem Priester: „Nimm diese Corbane und opfere sie in der Kirche auf dem Altar und lege den Knaben unter den Altar und halte eine heilige Meße über ihm im Nahmen der Maria." Der Priester that, wie ihm diese Stimme befohlen hatte, kaum aber war die Meße nur halb verrichtet, so kam der Satan doch, nahm den Knaben unter dem Altar weg und fuhr lebendig mit ihm zur Hölle. Da er nun in der Hölle in großer Angst war und sehr jammerte, stieg die Maria hinunter zur Höllen, riß diesen Knaben dem Satan aus dem Rachen und nahm ihn mit sich in den Himmel. Da er sich nun wieder erquickt und 3 Tage lang die himmlischen Freuden genoßen hatte, schickte ihn die Maria wieder zu dem Priester, der die Meße über ihn gehalten hatte, um denselben alles zu berichten, was mit ihm vorgegangen sey und ihm hauptsächlich zu sagen, daß sie es dem Satan nur darum erlaubt, daß er ihn zur Höllen geschleppt habe, damit es dem Menschenkind klar würde, daß sie auch den Verdammten noch helfen könnte."

Dieses gefällt dem Pöbel beßer als meine Worte, denn dabey können sie in der Sünde bleiben und ihren Lüsten nachgehen. Diese Bücher sind noch nicht lange in Behnesse, sondern erst vor ein paar Tagen hergekommen, und in den folgenden Tagen sahe und hörte ich, daß dieselben von Früh bis in die Nacht auf öffentlicher Straße gelesen wurden und alles, was nur gehen kan, läuft zu, um es anzuhören. Auch diejenigen, die sich sonst zu mir gehalten, verlaßen mich und der Strom der Ungerechtigkeit reißt sie mit dahin. Wie mir oft ums Herze ist, weis mein lieber Heyland am besten, und ich kan oft nichts als weinen und zu meinen lieben Herrn sagen: „Die Sach ist dein, Herr. J[esus] Xst[= Christ] pp.", und ich werde sehen, wo es endlich hinausläuft. Abd el Melak ist noch der einzige, welcher mir bis daher treu bleibt und unser lieber Michael ist wegen seiner Geschäften noch immer draußen unter den Arabern.

Den 14. Mai hörte ich, daß in Behnesuef, welches eine Tagreise, und in Tösgen, welches nur eine halbe Tagreise von hier ist, die Pest auch schon graßiere. Auch hörte ich von etlichen arabischen Kaufleuten, die heute von Cairo hier ankamen, daß die Pest daselbst sehr überhand nehme. Meine lieben Brüder Hocker und Antes lagen mir sehr schwer auf dem Herzen. Ich konnte aber nichts thun, als sie dem treuen Herzen Jesu empfehlen, dieses thue ich fleißig und der liebe Heyland tröstet mich über sie.

Den 15. Mai brachte Abd el Melak etliche Copten zu mir, denen ich den Tod Jesu verkündigte. Sie hatten aber noch keine Ohren zu hören. Ersterer aber gibt täglich beßere Hofnung von seinem Gedeyhen, wird aber von seinen vorigen Freunden, mit denen er in gleicher Finsterniß gelebt, sehr gehaßet. Ich kan ihm aber das Zeugniß geben, daß er sich bis dato des Heylands und meiner nicht schämt.

Den 17. Mai stellte sich Hanna Sayche auch wieder ein, war aber sehr finster und ich hatte keine Freudigkeit, ein Wort vom Heyland mit ihm zu reden. Es kam auch heute eine Gesellschaft Araber von Cairo, unter welchen 4 an der Pest kranck waren, und ein Weib war unterwegens an derselben gestorben, welches sie tot mit herbrachten und hier begruben. Einer von den 4en ist des anderen Tages auch gestorben, weiter aber hört man hier Gottlob nichts.

Den 18. Mai als am Abendmahlstag fühlte ich mich sehr arm und elend nach Seel und Hütte und ein großes Verlangen nach dem heiligen Abendmahl, mein lieber Heyland aber tröstete mich und ersetzte mir das leibliche Abwesensweh durch Seine über alles tröstende Nähe.

Den 19. Mai als am Feste Gottes, des werthen heiligen Geistes, betete ich denselben als unsere treue Kirchenmutter auf meinem Angesicht an und flehete um Vergebung und neuen Gehorsam und bat den lieben Heiligen Geist, daß Er, so wie Er an diesem Tage sich auf die Apostel des Herrn zu Jerusalem hat niedergelaßen, auch über mich und alle Zeugen des Todes Jesu kommen und unser Zeugniß in den Herzen der Menschen bekräftigen möge. Doch meine Thränen sagten ihm mehr denn mein Mund und ich fühlte einen unaussprechlichen Frieden Gottes in meinem Herzen. Nachher kam Abd el Melak zu mir und brachte noch einen Copten mit sich, dem ich den Versöhner seiner Sünde mit einem warmen Herzen in Seiner Leidensgestalt abmahlte. Es war mir wohl dabey und ich fühlte, daß mein Zeugniß Eingang fand.

Den 20. Mai war ich sehr kranck, nach einem heftigen Brechen aber gab es sich wieder, wovor ich dem lieben Heyland sehr danckbar war.

Den 21. Mai zog Bruder Michael mit den Soldaten von Süden nach Norden und passirten Behnesse. Michael bat die Soldaten doch einen kleinen Halt zu machen, damit er einen Freund besuchen könnte, welches sie ihm gewährten. Und er machte mir eine unerwartete Freude mit seinem Besuch. Er brachte mir auch einen Gruß vom Cumus Girges aus Samalut, welcher den Bruder Michael in dortiger Gegend gesprochen und ihm viel Gutes von mir erzehlt hatte, und daß er und andere wünschten mich balde wieder zu sehen. Wir unterhielten uns 1/4 Stündgen aufs Seeligste miteinander vom lieben Heyland, sodann reißte er mit seinen Soldaten weiter und bat, meine Brüder doch herzlich von ihm zu grüßen.

Den 22. Mai erzehlte mir Abd el Melak, daß er in einem coptischen Hause gewesen, wo sie ihn gefragt, was er doch daran hätte, daß er so viel zu dem Malim Hanna lief? Antwort: „Weil er mir sagt, daß Jesus in die Welt gekommen ist und Sein Blut vergoßen, um alle arme Sünder seelig zu machen, und weil ich nie nichts anders als dieses von ihm höre, so habe ich ihn lieb und besuche ihn gerne, denn ich bin auch ein Sünder und will gerne seelig werden." Der Cumus Girges welcher auch zugegen war, sagte ihm: „Aber dein Malim hält nichts vom Fasten, wie kanst du seine Parthei denn so nehmen? Du wirst doch deine Religion nicht wollen verläugnen?“ Worauf ihm Abd el Melak antwortete: „Vater, ich kan dir versichern, daß Malim Hanna mir noch niemals gesagt hat, daß ich nicht fasten soll, sondern er sagt mir, daß in Xsto[= Christo] nichts gelte denn eine neue Creatur und daß man seine Seeligkeit mit Gebet und Thränen beym Heyland suchen und dieselbe aus Gnaden um Seines Verdienstes willen annehmen muß. Und wenn man dieselbe erlanget hat, es auch in seinem Handel und Wandel beweisen muß. Und du weist auch, Vater, daß unser Heyland gesagt hat: ‚Wo euer Schatz ist, da ist auch euer Herz‘, und ‚Wovon das Herz voll ist, gehet der Mund über‘, item ‚An ihren Früchten solt ihr sie erkennen.‘ Nun sage mir, Vater, wo sind unter uns die Leute, deren Herz voll Liebe zu Jesu ist und deren Mund Tag und Nacht von Ihm übergeht und sich auch so als Kinder Gottes vor der Welt betragen?“ Der Cumus sagte: „Ich weiß keine solche Leute, dieses redst du eben von deinem Malim Hanna, weil der so ist, denn vorher hast du nicht so geredet.“ „Es ist wahr, was du sagst“, fuhr Abd el Melak fort, „denn vorher war ich blind und habe es nicht gewußt. Ich weiß aber doch, daß du den Malim Hanna auch kennst und ihn fleißig besuchst. Glaubst du denn nicht von ihm, daß er ein seeliger Mensch ist und den HErrn[sic] Jesum von ganzem Herzen lieb hat?“ Da sagte der Cumus: „Das glaube ich von ihm, denn er hat Gott und Menschen lieb.“ „Nun“, sagte Abd el Melak, „dieses hat er nicht durch Werke, sondern aus Gnaden erlangt, also will ich den Heyland Tag und Nacht bitten, daß ich auch so glücklich werden möge.“ Die Leute im Hause hatten diesen Discours attent angehört und der Hausherr sagte zu Abd el Melak: „Mein Gott, so lehrt dich der Malim Hanna also, ich muß ihn auch kennen lernen.“ Beym Abschied sagte der Cumus zum Abt el Melak: „Gehe in Friede und folge deinem Malim, aber halte deine Fasten, damit du kein Aergerniß gibst.“ Dieses gefiel mir wohl vom Cumus, denn der Cumus Girgis ist sein Beichtvater, darum bitte ich ihn, er sey auch, wo er sey, seine Fasten nachwievor treulich zu halten, daß er ihm immer mit gutem Gewißen sagen kan, er faste nach ihrem Gesetz, doch aber dabey nie zu vergeßen, daß man sich den Himmel durch nichts verdienen kan, sondern aus Gnaden durchs Verdienst Jesu Xsti[= Christi] hier zeitlich und dort ewig seelig ist. Und so lehre ich alle, welche mich um die Fasten fragen. Auch hatte Abd el Melak den Hanna Sayche heut wieder besucht und ihm nicht ohne Seegen gepredigt. Letzterer kam diesen Abend zu mir. Ich stellte ihm seinen unglückseeligen Zustand vor und wie gut ers doch haben könnte, wenn er dem lieben Heyland sein ganzes Herz hingäbe. Er war sehr bewegt und sagte: „Ich weiß nichts zu sagen als mit dem Zöllner: Gott sey mir Sünder gnädig“. Es war mir wohl dabey und man muß eben Geduld mit diesen armen Menschen haben.

Den 23. Mai wurde ich zu einer coptischen Hochzeit invitirt und da ich nicht kommen wolte, so schickten sie mir doch abends etwas von der Mahlzeit in mein Kämmergen, welches ich mit Danck annahm.

Den 24. Mai hatte ich meist den ganzen Tag Besuch von Copten und ich unterließ nicht, ihnen die große Liebe ihres Schöpfers und Erlösers anzupreisen. Es ist doch, als ob jetzo der böse Geist in Behnesse wieder ein wenig aufhörte zu wüten. Soweit geht vor diesmal mein Diarium, womit ich mich dem treuen Andencken und Gebet meiner lieben Geschwister bestens empfehle.

[25.5.1771-1.8.1771][7]

Den 25. Mai besuchte mich ein Mann, welcher durch Abd el Melak mit mir bekant worden; ein derber einfältiger Bauer nahmens Aschaj oder Jesaias. Ich erzehlte ihm, wie lieb Jesus die armen Menschen habe, daß Er Sein Blut für sie vergoßen und sie nur so gerne alle selig machte. Er wolte mir alle Worte wie aus dem Munde aufeßen und es war mir wohl bey diesen Mann.

Den 26. Mai hatten die Copten ihr Pfingstfest, aber die wenigsten von ihnen wißen etwas um dieses Fest. Allein dies wißen sie, daß nun ihre Fasten wieder angeht, denn zwischen Ostern und Pfingsten fasten sie nicht, diese Zeit heißen sie el Ayd el Gameshien oder das 50-tägige Fest. Sonst fasten sie die Woche 2 Tage, nemlich Mittwochs und Freytags. An diesen Tagen genießen sie vormittags nichts, sogar spülen sie nicht einmahl den Mund mit Waßer aus, damit nichts hinunterkömt, und da sie an anderen Tagen nur 2 mahl beten, so müßen sie an diesen Tagen 3 mahl beten. Von Fleisch, Hühner, Eier, Milch, Butter und alles, was fett ist, dürfen sie an ihren Fasttagen nicht eßen und in der große Fasten vor Ostern dürfen sie auch keine Fische eßen. Jetz hat nur über 40 Tage die Jungfrau Maria ihr Fest, in diesen 40 Tagen müßen sie täglich fasten und beten, damit sie zu dem Fest wieder rein sind, und so haben sie 3 mahl im Jahr eine Fastenzeit von 40 Tage, und die vor Ostern währt 50 Tage. O der Teuffel hat rechte Bollwerke um diess arme Volck gelegt und es ist kein kleines Wunder, wenn die Gnade Gottes an einer Seele unter ihnen so mächtig wird, daß sie anders denken und einsehen lernt, daß ihr dieses alles nichts zur Seligkeit hilft. Auch schrieb ich heute an meine Brüder nach Cairo.

Den 28. Mai ging ich mit etlichen Copten aus Behnesse wieder nach Samalut und dortige Gegend auf einen Besuch. Unterwegens kehrte ich bey einem Araber ein, welcher mir viel Liebe erwies, mir zu eßen und zu trincken gab, wovor ich ihm den Seegen Gottes wünschte, denn ich war hungerig und durstig. Abends kam ich in Samalut an, fand aber Michael und seinen Bruder Hanna, bey denen ich einzukehren gedachte, nicht zu Hause und muste dahero wieder zu meinem vorigen Wirt Geer Alla gehen, welcher mich zwar nicht sehr willig, aber doch aufnahm. Dieses ist hier zu Lande das schwerste, weil man keine Gasthöfe und auf den Dörffern auch keine Quelle antrifft, wo man logieren kan, sondern so in

[7] Continuation von Bruder Dankens Diario vom 25 Mai – 28. Juli 1771. Ab hier wieder die Handschrift von Dancke. Notiz am linken Rand: Dankes Diarium.

der Leute Gnade leben muß und es kostet einen doch allemahl nichts, als wenn man seine eigene Wirtschaft hat. Es kamen mich noch diesen Abend etliche Copten, denen ich bey meinem ersten Hiersein das Wort der Versöhnung verkündigt hatte, besuchen. Ich fand aber zu meiner Betrübniß, daß wieder alles ersticket war. Etliche gaben vor, sie hätten zu viel zu arbeiten und dahero nicht Zeit an den Heyland zu denken, gäben aber ihren Pfaffen Geld, daß diese vor sie beteten und Messe hielten. Andere wären so voller guter Wercke, daß sie keinen Heyland brauchten. Es war mir schwer ums Herz, ich wandte mich aber zum lieben Heyland, bat Ihn für dieses arme Volck und daß Er mich nicht verzagen laßen, sondern aus Seinen Wunden Trost und Muht schenken wolle, welches Er mich auch kräftig erfahren lies, und machte mir alles Schwere leicht.

Den 29. Mai früh kam mein Freund, der Cummus Girgis zu mir und es fanden sich auch andere Copten wieder ein. Der Cummus sagte: „Bruder, ich freue mich sehr, dich wieder zu sehen. Sage uns doch was vom Heyland, denn was ich das vorige mahl von dir gehört, habe ich noch nicht vergeßen.“ Ich sagte: „Was ich euch das vorige mahl gesagt habe, das werde ich euch jetzt wieder sagen, denn ich weis nichts als Jesus Christus, gestern und heute, und derselbe in Ewigkeit.“ „Und“, fuhr ich fort, „wem es unter euch auch so ist, daß er nur Jesum wißen und kennen mag, der alle seine eigene Werke vor verloren hält und bloß aus Gnaden um das Blut Jesu willen sucht errettet und selig zu werden, das ist mein Bruder.“ Ein paar Copten fielen mir in die Rede und sagten: „Wir hören, daß du alle Wercke verwirfst und deinen Worten zufolge, so ist unser Fasten, Beten und ganze Kirchenverfaßung nichts.“, worauf der Cummus sagte: „Kirchenverfaßungen machen nicht selig, sondern der Glaube an Jesum!“ Und da sie ihn fragten, wozu dann so viele Gesetze in ihrer Kirche dienten, sagte er: „Ich habe keine gemacht. Wer jetzt Ohren hat zu hören, der höre.“ Der Cummus hielt sich fleißig zu mir und nötigte mich, in sein Kloster, welches übern Nil gegen Morgen auf einer hohen Klippe ganz allein liegt, und die Pfaffen drinnen haben alle Weiber. Ich wäre auch hingegangen, allein da ich noch 3 Pfaffen aus eben diesem Kloster kennenlernte, welche nichts als Geld, um Brandwein saufen zu können, von mir begehrten, und ihre Gesichter sehr fürchterlich aussahen, so ging ich nicht hin. Diesen Abend schickte ein coptischer Schreiber seinen Bedienten zu mir und ließ mir sagen, daß er mich sprechen müste. Ich ging zu ihm und da er mich sahe, so fiel er mich gleich an wie ein Tieranne[sic; = Tyrann], nemlich mit diesen Worten: „Wo kömst du her und was hast du hier zu suchen?“ Ich sagte: „Du hast mich ja in deinem Leben nicht gesehen, darum fahre mich nicht so hart an, sondern höre erst mein Wort. Ich suche arme, um ihr ewiges Heil verlegene Sünder, denen will ich die gute Botschaft bringen, daß ihr Schöpfer ein armer Mensch worden, Sein Blut für sie vergoßen und ihnen dadurch alle Seligkeit erworben hat.“ Der Schreiber aber fuhr in seiner Bosheit fort und sagte: „Du bist ja kein Christ, denn in eurem Lande fastet ihr ja nicht. Und kömst du etwa darum auch zu uns, unsere Fasten zunichte machen?“ „Ich höre“, sagte ich, „daß du nicht geneigt bist, ein verständig Wort zu reden oder anzuhören, mit dir zu disputieren ist meine Sache nicht." Und so ging ich von ihm und redete zu Michael und seines Bruders Hausgesinde und noch einigen anderen Copten von Gottes Menschwerdung, Marter und Tod mit warmem Herzen bis um Mitternacht.

Den 30. Mai ging ich nach Mangaateen, 2 Dörfer [sic], welcher sich gegenüber am Bahher Juseps liegen, es wohnen aber lauter Araber und wenig Copten daselbst. In einem Dorf war just Marcktag und viel Volck da. Ein Cassies von einem anderen Ort, der auch auf dem Marckt war, kam zu mir, grüßte mich und sagte: „Bist du nicht der Malim Hanna el Englese von Behnesse?", Antwort: „Ja." „Ich habe viel von dir gehört", sagte der Cassies, „und möchte gerne einmahl mit dir sprechen" und bat mich mit ihm allein zu gehen, welches auch geschahe. Es sahen uns aber etliche Copten, die folgten uns. Der Caßies sahe sehr finster aus und that nur allerley absorte[sic; = absurde] Fragen, insonderheit die Sacramente betreffend, und rühmte sehr, wie volkommen dieselben bei ihnen wären und mit welcher herrlicher Cerimonee[sic; = Zeremonie] sie dieselben begingen. Ich sagte: „Bey uns kömt es auf den Glauben und den Genuß im Herzen dabey an. Von äußerlicher Herrlichkeit und Gepränge aber halten wir nicht viel." Er aber drang auf mich, daß ich ihm eine weitläuftige Beschreibung machen und seine Sache gutieren[sic; = quittieren im Sinne von „bestätigen"] solte. Ich aber sagte: „Lieber Cassies, hast du gelesen, was Paulus sagt: ‚Der naturliche Mensch vernimt nichts vom Geist Gottes'?" – – Antwort: „Ja." „Nun", sagte ich, „du bist ein naturlicher Mann und siehst nur auf das Äußere, vom Inneren aber verstehst du nichts. Wenn ich dir dahero eine Beschreibung machte, wie es bei den Verhandelungen der heiligen Sacramente unter Gottes Volck zugeht, würde es dir vor die Zeit nach eine Thorheit sein." (Denn er war nach coptischer Art ein Schriftgelehrter). „Laß uns aber", fuhr ich fort, „miteinander davon reden, wie man zu einem neuen Leben aus Gott gelangen soll. Das wird vor uns und diejenigen, die hier um uns herum sitzen, nützlicher sein." Und ich finge an, ihnen Jesu Leiden und Tod und deßen Uhrsache mit brennendem Herzen zu verkündigen. Die armen Copten hörten sehr attent zu, den Cassies aber biß die Eigenliebe und er fing an, von ihrem Fasten und Beten zu reden. Ich aber sagte: „Ich laße mich nicht im Geringsten in einen Religionsdisput mit dir ein, denn in Christo gilt weder dies noch das, sondern allein eine neue Creatur." „Und", fuhr ich fort, „eine neue Creatur ist ein Mensch, dem Jesus seine Sünden vergeben und deßen Schulden Er mit Seinem Blute zugedecket hat. Und ein solcher beweiset es auch darnach mit Worten und Werken, wem er angehöret, denn er wandelt, wie ihm Christus ein Vorbild gelaßen hat." „Wem aber", fragte ich den Cassies, „stellt ihr euch nun gleich, Gottes Kindern oder den Kindern dieser Welt? Denn es ist nicht genug, daß wir Christen heißen, Christum mit dem Munde bekennen, aber seine Kraft verläugnen, indem wir mit unserem Wandel vor der Welt Seinem Nahmen Unehre machen." „Wir sind in der Welt", sagte der Cassies, „und haben es mit lauter bösen Menschen zu thun. Wenn wir uns ihnen nicht gleichstellen, so spotten sie uns und glauben unseren Worten nicht. Dies weiß Gott wohl und wird es uns so übel nicht nehmen." „Ist das dein Glaube", sagte ich, „dann behalte ihn für dich und siehe, wie du damit bestehen wirst, lehre aber andere nicht auch so oder du wirst ein schweres Urtheil über dich bringen. Die Copten, welche uns zuhörten, sagten zu mir: „O Malim, Gott segne und erhalte dich. Du bist ein rechter Lehrer, solche Lehrer gibt es bey uns nicht." Der Cassies nahm auch freundlichen Abschied und besuchte mich noch ein paar mal in Samalut. Bey meiner Zurückkunft in Samalut, erzehlte mir Michaels Bruder, daß er, weil oben erwehnter coptischer Schreiber mich beim Caschef verklagt habe, heute sey zum Caschef geruffen worden, der ihn gefragt habe, was das vor ein fremder Mensch sei, der hier unter den Leuten herumgehe, denn sein Schreiber habe ihm Bericht davon gethan und gesagt, daß sich dieser Mensch viel in ihrem Hause aufhielt. „Sage mir", sagte der Caschef, „was hat der Mensch hier zu suchen?", worauf Hanna, Michaels Bruder, antwortete: „Dieser Mensch prediget uns den Weg zum Reich Gottes. Sonst sucht er hier nichts." Der Caschef fragte: „Habt ihr nicht selber Lehrer? Aber was ist dieser Lehrer vor ein Landsmann?", Antwort: „Ein Engelländer." „Ein Engelländer", sagte der Caschef, „diesen Menschen thun mir ja niemandem etwas zu Leide, denn die Engelländer sind brave Leute!" Hanna freute sich und der Schreiber schämte sich.

Den 31. Mai fuhr ich über den Nil nach dem Dorfe Sirrarye, welches Dorf seinen Nahmen nach der alten Stadt Sirrarye hat, woselbst auch viele Copten wohnen. Ich fand aber hier keinen Eingang, denn die Copten waren viel finsterer als die Mahumethaner.

Den 1. Juni blieb ich in Samalut, besuchte und wurde besucht, fand aber lauter verriegelte Herzen, zu denen kein Wort vom Blut und Lösegeld durchdringen konte. Es war mir wehmütig zu Muthe und legte unserem treuen Heylande dieses arme verfinsterte Volk, zu welchem Er uns (Ich bin dessen versichert) doch nicht umsonst gesandt hat, mit Tränen an Sein durchstochenes Herz. Und Sein gnädiges Sich-zu-mir-Bekennen war meine Aufmunterung und Stärcke.

Den 2. Juni ging ich nach Berdenoa und blieb da über Nacht. In dem Hause, wo ich logierte, wurde mir durch vieles Fragen Gelegenheit gemacht, ein Zeugniß von meinem blutigen Versöhner abzugeben, wobey mir wohl war.

Den 3. Juni kam ich wieder nach Behnesse zurück. Es regierte ein hüpscher[= hübscher] Geist unter den Menschen und alles freute sich, mich wieder zu sehen.

Den 4. Juni weil allhier vor etlichen Tagen zwischen den Priestern und ihren Diaconis eine große Uneinigkeit entstanden war, so hatten erstere darüber an ihren Scheg, unseren Bruder Michael, geschrieben, welcher zur Antwort an seinen Vater unter anderem ‚heute' [eingefügt] folgendes schrieb: „Lieber Vater, sage den Priestern, der liebe Heyland machte mein Herz von Seiner blutigen Liebe warm, daß ich gefühlige Zeugniße von Seiner Marter und Tod ablegen konte, so daß auch die Freude Seines Creuzes nicht ungerührt blieben."

Und Abends hatte ich noch besonders selige Unterredungen mit Abd el Melak und Aschaja.

Den 29. Juni besuchte mich ein mahumetthanischer Geistlicher, ein ansehnlicher Scheg. Er war sehr freundlich und wollte mit mir vom Glauben reden, ich aber sagte: „Du treibst Mahumets Lehre und ich die Lehre Christi, darum wollen wir hiervon still schweigen und von etwas anderem reden.“ Er sagte: „Wir glauben auch an den Messias, daß Er ein großer Prophet, von Gott gesandt, und wieder zu Gott gangen ist.“ Ich erwiderte: „Ihr glaubt nicht, daß Er Gott ist, für unsere Sünden Sein Blut vergoßen hat und für das Leben der Welt Sein Leben am Creuz gelaßen hat. Und wer nicht glaubt, daß Er gestorben ist, der kan auch nicht glauben, daß Er lebt.“, womit unser geistlicher Discurs endigte. Diesen Abend speiste ich bey meinem guten Freund, dem Cummus Ibrahim.

Den 1. Juli besuchte mich ein Copte von einem andern Ort, dem ich den Tod seines Schöpfers und Erlösers anpries. Er hielt sich eine Zeit lang in Behnesse auf, besuchte mich fleißig und blieb nicht ungerührt. Die folgende Tage war ich viel allein und wandte meine Zeit mit Erlernung der arabischen Sprache an, so wie ich dann auch eine jede müßige Stunde dazu bestens suche anzuwenden, und der liebe Heyland gibt mir auch hierzu Seinen Segen.

Den 5. Juli pries ich ein paar Copten die ihnen so [durchgestrichen: thur] teuer erworbene Seligkeit durch das bittere Leiden und Sterben Jesu mit warmem Herzen an. Der eine fing an zu weinen, der andere aber spottete das Wort der Versöhnung. Es wurden hier in diesen Tagen sehr viele Menschen von den Scorpionen gebißen, denn es ging fast keine Nacht hin, da man nicht ein klägliches Geschrey in den Häusern hörte, und die Leute lagen wie Krüppel da. Ich sang alle Abend, wenn ich mich schlaffen legte, in kindlichem Vertrauen zu unserem lieben Herrn: „Nimm mich zu deinen Gnaden, sey gut vor allen Schaden, du Aug und Wächter meiner Seel.“ Und Er hat mich auch gnädig bewahrt.

Den 7. Juli hatte ich Besuch von anderen Dörffern, unter andernem auch von Berdenoa. Ich unterließ nicht, ihnen ihr ewiges Heil im Blute Jesu anzupreisen, aber ihre Herzen waren noch zu geschloßen. Sie haben aber doch einen Hang zu mir, und O! wie manches Tränlein schütte ich dem lieben Heyland für sie in Seinen Schooß.

Den 8. Juli fiel mir besonders ein, ob ich, ehe ich vor dieses Mahl wieder nach Cairo zurück ging, auch noch einen Besuch nach Samalut thun solte. Ich legte es dem lieben Heyland kindlich vor, Er war aber nicht davor.

Den 9. Juli legte Bruder Abd el Melak in einem Hause ein Zeugniß vom Heyland ab. Er fand großen Widerspruch, aber auch einige attente Zuhörer.

Den 11. Juli paßierte hier nahe bey Behnesse ein artiger Casus. Es war ein armer Copte, den die Hungersnoht drückte. Dieser sagte aus disporation[engl. disperation = Verzweiflung]: „Wenn doch jemand wäre, der mir vor einen Silberling Gift beibrachte, damit ich aus dieser Welt käme“, und siehe, in derselben Stunde, da er dies sagte, biß ihm ein Scorpion, wovon er sogleich mit großen Schmerzen seinen Geist aufgab. Ich redete darüber mit den hiesigen Copten, von der großen Langmuht, aber auch dem Ernst Gottes gegen die Menschenkinder.

Aber sie sind eben gut Mahumetthanisch und sagen wie diese: „Maktub Aleih, es ist so über ihm beschrieben, und wie unser lieber Heyland sagt, die Toten begraben ihre Toten“, und denken weiter über nichts.

Den 13. Juli war Abendmahlstag. Ich fühlte mich sehr dürftig und einen großen Hunger und Durst nach Jesu Leib und Blut, allein Seine liebe Nähe tröstet mich.

Den 15. Juli schrieb ich zum ersten mahl einen arabischen Brief, und zwar an Bruder Michael, weil er mich durch seinen Vater hatte grüßen und sagen laßen, daß er in bedrängten Umständen sey und ich seiner doch fleißig vor dem lieben Heyland gedenken möchte.

Den 17. Juli war es mir bey der Tageslosung ganz besonders und hatte mit unserem lieben Herrn unbeschreiblich selige Unterredungen wegen des geringen Anfangs in Seiner Sache in Asia und Africa.

Den 19. Juli kamen 2 Copten, die sich dünkten, Schriftgelehrte zu sein, zu mir und brachten ein großes altes Buch mit, woraus sie mir zeigen wollten, was ihre Kirche vor gelehrte Meister habe. Sie lasen ein wenig und fragten mich, ob man nicht erstaunen möchte über einen solchen Verstand. Ich sagte: „Wer sich dünket, weise zu sein in dieser Welt, der werde ein Narr, auf daß er möge weise werden, denn es hat Gott wohl gefallen, Törichte freudig selig zu machen, die so dran glauben. Ich weiß und predige nichts denn Jesum, den Gecreuzigten – denen, die durch eigene Wercke selig werden wollen, ein Aergerniß und den Weisen dieser Welt eine Thorheit, allen armen, um ihr ewiges Heil verlegnen Sündern aber eine Kraft Gottes zur Seligkeit.“ Der eine wurde böse, nahm sein Buch und ging fort, mit dem anderen aber hatte ich noch eine hübsche Unterredung vom Verdienste Jesu als die einzige Uhrsache unserer Seligkeit in Zeit und Ewigkeit.

Den 20. Juli kam Bruder Abd el Melak in ein Haus, wo eine kranke Persohn lag. Es saßen etliche Copten um das Bett und lasen der Kranken von den Wundern, welche die Jungfrau Maria gethan. Da sie Abd el Melak sahen, nötigten sie ihn zum Lesen, er aber sagte: „Leset ihr nach eurem Gefallen, ich mag keine Bücher mehr lesen, als welche von dem handeln, der Sein Blut für uns vergoßen hat.“ „Das wißen wir schon.“, sagten die andern, „du bist jetz ein Englees[sic; = Engländer], und hast den Heyland im Herz.“ „Liebe Leute“, sagte Abd el Melak, „wißet, daß der Heyland Gott ist und sich nicht spotten läßt, ich will aber mir und euch nichts Höheres wünschen, als Ihn in unseren Herzen zu haben“, sie aber spotteten noch mehr und die Kranke hieß Abd el Melak zum Hause hinaus zu gehen.

Den 21. Juli hatte ich von Früh bis in die Nacht beständig Besuch. Allen pries ich die Liebe ihres Schöpfers, die Ihn für sie in den Tod getrieben hat, mit warmem Herzen an. Es ist aber nicht anders, als ob man mit einen Hammer gegen einen harten Felsen schlägt, denn unbeschreiblich todt und verfinstert ist dieses Volck. Oft ist mein Herz in schweren Beklemmungen über sie, so daß ich mich kaum mehr raffen kan. Dann aber wende ich mich in meiner Noht wieder zum lieben Heyland, weine und bitte Ihn, daß Er doch meinem armen Herzen täglich und stündlich aus Seinen blutigen Wunden Zufluß schenken möge, auf daß mein Zeugnis an alle, die mir zuhören, aus Erfahrung und als selber in der Sache lebend, sein mag. Vor das Übrige mag Er sorgen, denn die Sache ist ja Seine. Und wenn Er, der treue Sünderfreund, der sich ja von Seinen armen Kindern nie vergeblich um Hülfe anruffen läst, sich zu mir bekent, so ist mein Herz wieder voll Trost und Glauben. Mit Abd el Melak hatte ich diesen Abend eine selige Herzensbande und konte mich über ihn freuen.

Den 23. Juli war Bruder Michael in Behnesse, weil aber der Caschef mit seinen Soldaten auch da war, so hatte er wenig Zeit. Doch sprach ich ihn ein paar mahl in seinem Hause und bat ihn, sich doch in allen Umständen an den lieben Heyland zu halten und doch nicht zu vergeßen, daß er mit dem teuren Blute Jesu erlöset sey, denn, wenn er dies immer im Gedächtniß habe, so werde sein ganzer Wandel zeugen, wem er angehöre, womit wir, weil ich nach der Anweisung unseres Herrn vor der Überschwemmung des Nils, welche jetzt nahe ist, [durchgestrichen: so] zu meinen Brüdern nach Cairo zurückkehre und er auch schon des anderen Tages wieder mit dem Caschef fort muste, Abschied voneinander nahmen. Es waren noch verschiedene andere coptische Schreiber in seinem Hause, die mich um vielerley fragten. Ich antwortete ihnen auf alles einfältig und kurz. Sie waren sehr freundlich und nannten mich beständig ihren Bruder.

Den 24. Juli besuchte mich ein ansehnlicher Bauernsohn, ein artiger junger Mensch von einem anderen Dorff. Alles, was ich Ihm vom lieben Heyland sagte, hörte er sehr attent an, und bat mich, wenn ich wieder käme, ihn doch auch zu besuchen.

Den 25. Juli hatte ich meinen 38ten Gebuhrtstag. Mein lieber Heyland bekennete sich zu mir und segnete mich. Ich dankte Ihm für meine Gnadenwahl und gab mich Ihm zu allem Seinem gnädigen Willen aufs Neue gänzlich hin. Abends besuchte mich Abd el Melak mit Aschaja und ich habe von Letzterem auch gute Hoffnung.

Den 26. Juli war der Nil so hoch gewachsen, daß er übertrat in den Bahher Juseps, und es war eine große Freude unter den Menschen, denn sie erwarten dieses Jahr ein fruchtbares Jahr. Denn das vergangene Jahr ist sehr mager gewesen, dahero jetz große Hungersnot unter den Menschen ist, ja eine solche Noht, daß wenn ein Stück Vieh, ein Cameel oder Esel, stirbt und vor die Hunde geworfen wird, es die armen Leute zerhacken und eßen. Dieses habe mit Augen und großen Mitleiden angesehen.

Den 27. Juli dachte ich viel an unseren lieben Bruder Hocker, der heute seinen Gebuhrtstag hatte. Ich bat den lieben Heyland, daß Er ihn aus Seinen blutigen Wunden segnen, stärcken und ihn uns noch lange bey Kräften erhalten wolle.

Den 28. Juli nahm ich von meinen Bekanten Abschied und es war mir gewiß so, daß sich der liebe Heyland ein Häuflein Seelen zum Lohn Seiner Schmerzen hier sammlen[sic] wird. Wann und wie, das sei Ihm überlaßen. Er schenke uns nur Geduld und Glauben, daß wir Seine Gnadenstunde im Vertrauen zu Ihm kindlich abwarten mögen. Diesen Nachmittag kam mein Freund, der Cummus Girgis aus Samalut, mich besuchen und freute sich sehr, mich noch in Behnesse anzutreffen. Er erzehlte mir, daß ich in ihrem Orte in großer Verachtung stünde, daß aber doch auch etliche Seelen da wären, die in beständiger Liebe gegen mich verharreten. Ich sagte zu ihm, daß ich denen etlichen Seelen wünschte, daß sie den, der Sein Leben für sie gelaßen, erst recht lieb haben und in Seiner Liebe verharren möchten. Aber dies versteht der arme Cummus selber noch nicht. Er hat mich eben lieb, wiewohl er selber noch nicht weiß, warum. Gott segne ihn gleichwohl.

Den 29. Juli früh reiste ich von Behnesse ab. Der Cummus Ibrahim hirselbst, der Cumus Girgis aus Samalut und noch etliche andere meiner Freunde begleiteten mich ein gut Stück auf dem Wege, und baten mich, balde wieder zu kommen und meine Brüder herzlich von ihnen zu grüßen. Abd el Melak und Aschaja gingen mit mir bis an den Nil. Mit Ersterem hatte ich unterwegens selige Gespräche. Beim Abschied gab er mir einen Brief an Bruder Hocker und machte den Bund mit mir, daß er ein ganzer Lohn der Schmerzen Jesu werden und auch anderen Seinen Tod verkündigen wollte. Ich traf sogleich ein gutes Schiff nach Cairo an und alle Araber in demselben bewiesen mir auf der Reise viele Freundschaft.

Den 1. August kam ich zu meiner und meiner Brüder großen Freude wohl behalten in Cairo an. O! wie wohl thut es mir, mich ein mahl wieder in meiner Brüder Mitte zu befinden, um mich nach Leib und Seele stärken zu können. Denn unbeschreiblich groß ist die Macht der Finsterniß, welche in diesem Lande nicht allein unter den wahren Antichristen, sondern auch unter denen sogenannten Christen noch herrschet. Nun, ich empfehle mich und den sehr geringen Anschein, der doch da ist, daß unser lieber Heyland aus dieser finsteren Gegend sich doch einen Lohn für Seine so sauere Mühe einsammlen will, dem Andenken und Gebet aller meiner lieben Geschwister. Insonderheit hat dieses sehr nötig Euer armer Bruder Johann H. Dancke

[26.1.1772-24.5.1772] [8]

Nachdem ich mich am 26.ten Januari 1772 mit meinen lieben Brüdern in Cairo aufs Seligste am Leichnam und Blut Jesu im Heiligen Abendmahl erlabet hatte, so nahmen wir am 28. früh den aller zärtlichsten Abschied voneinander, wobey Bruder Hocker mir eine Losung aufschlug, die hieß: „Ich, der Herr, will rein Waßer über euch sprengen, daß ihr rein werdet von aller eurer Unreinigkeit, und von allen euren Götzen will ich euch reinigen. O, Strom des Lebens, ergieße dich und was dich hindern will, das durchbrich.“, welche Worte ich würklich in Ansehung

---

8 Handschrift von Dancke. Notiz am linken Rand: Danckens Diarium. Vom 26.1.1772 bis 16.2.1772 existiert eine weitere Abschrift aus anderer Hand. Sie stammt von Hocker. Der Text stimmt aber weitestgehend mit der Originalausfertigung aus Danckes Hand überein.

der Copten als eine vom Herrn mir zum Trost gegebene Verheißung annahm, und reisete mit einem frohen Sündermuht in Geselschaft 2er Copten von Cairo ab. Weil aber ein sehr starker Südostwind wehete, welches hier zu Lande der schlimste und ein sehr ungesunder Wind ist, so musten wir den ganzen Tag in Alt Cairo am Ufer des Nils unter freiem Himmel liegen bleiben, wobey mir mein Gesicht durch den feinen Sandstaub, welchen dieser Wind dermaßen mit sich bringet, daß er die Luft verfinstert, so zugerichtet würde, daß ich in 3 Tagen kaum Tageslicht ansehen konte. Gegen Abend fanden wir ein altes kleines Fahrzeug nach Abugirg, welches der Haven von Behnesse und mehrerer anderer Örter ist. Ich und die 2 Copten, 27 Araber, 6 Weiber mit etlichen Kindern stiegen in dasselbe und der Platz wurde so enge, daß man sich nicht rühren konte. Tag und Nacht muste man in einem fort sitzen oder stehen, denn zum liegen war kein Platz. Es war dieses würklich eine empfindliche Reise, insonderheit des Nachts. Des Tages war es so warm wie bey uns um Johanni und des Nachts fiel ein solcher kalter Tau und Nebel, daß man sich vor Kälte nicht zu bergen wuste. Der Reyß des Schiffs war ein Araber nahmens Solthan, verstund wenig vom Fahren und es war auch in Ansehung dieses eine unangenehme Reise. Denn balde stießen wir dermaßen an die Steinklippen, daß man gewiß dächte, daß alte Schif scheiterte. Dann saßen wir wieder auf einer Sandbank fest. Beim Einsteigen in dieses Schiffgen gingen die Wellen im Nil so hoch, daß sie dasselbe oft ganz bedeckten, und man wurde so naß, daß man kaum einen trockenen Faden behielt. Ich empfahl mich in die Hand meines guten Herrn und Sein teurer Gottesfriede umschloß mich so, daß ich wenig von allem Ungemach gewahr wurde. Alles Volk im Schiff kroch wie die Mäuse zusammen und schlief ein. In meine Augen aber kam kein Schlaf, sondern saß und bat den lieben Heyland um einen guten Wind. Gegen Mitternacht legte sich der starke Südost- und wir krigten einen gewünschten Nordwind. Ich weckte das Schiffsvolk auf und bat sie, unter Segel zu gehen, und wiewohl die Araber in der Nacht und insonderheit bei der jetzigen Zeit, da sie sehr verhungert und wegen Ermangelung der Kleider in den kalten Nächten halb erfroren sind, sehr schwer dahin zu bringen sind, etwas anzurühren, so brachte ich es theils mit guten und theils mit harten Worten doch dahin, daß wir unter Segel gingen.

Den 29. Januar continuirte der schöne Nordwind den ganzen Tag und wir avansierten[sic; = avancieren, vorankommen] zimlich. Die folgende Tage aber hatten wir wieder lauter Südliche Winde. Die Araber, welche sich nichts daraus machen, wie lange sie auf der Reise liegen, wenn sie nur dann und wann ein grünes Feld finden, wo sie wie das Vieh mit grünem Korn oder Gras ihren Bauch anfüllen können, brachte ich doch täglich mit einem Mund voll Brot und einer Taße Caffe dahin, daß sie ans Schiff zogen. Ich selber schonete mich auch nicht, sondern zog fleißig mit.

Und so kamen wir am 2ten Februari wohl behalten vor Abbugirg im Haven an. Wie wir ans Land stiegen, so war just der Kayemaham, oder Vizecaschef dieser Gegend mit seinen Soldaten am Ufer. Er fragte mich, wo ich hin wollte, Antwort: „Nach Behnesse.“ „Da kannst du heut Abend nicht mehr hinkommen“, sagte er, „darum wil ich meinen Leute befehlen, daß sie deine Sachen in mein Quartier bringen, da kanstu[sic; = kannst du] heut Abend mit mir zu Nacht speisen, geruhig schlafen und Morgen früh, wenn wir das Frühstück miteinander verzehrt haben, wil ich ein Cameel für deine Sachen und ein Pferd für dich zum Reiten geben, und so kanstu in Frieden deine Straße nach Behnesse ziehen und es kostet dir nichts. Hier unter freiem Himmel wil ich nicht, daß du sol[s]t liegen bleiben.“ Und da ich ihm herzlich für diese gute Anerbietung dankte und ihm sagte, daß ich lieber bey meinen 2 Kammeraden am Nil wolte liegen bleiben, so sagte er: „Ich meine es gut mit dir, du aber wählest dir das Schlegte[sic; = Schlechte], machs wie du wil[s]t“, und so empfahl er mich den Wächtern, deren in diese Haven beständig 24 sind, in gute Aufsicht.

Den 3. Februar früh luden wir unsere Sachen auf ein Cameel und so kam ich heute gegen Mittag in meinem lieben Behnesse an. Der liebe Heyland war mir beim Eintrit sehr nahe. Ich schickte manches Seufzerlein für diesen Ort zu Ihm hinauf und krigte wahrhaftig ein gnädiges Amen in mein Herzen von Ihm zurück. Mein Kämmerlein fand ich noch in der schönsten [durchgestrichen: Ord] Ordnung. Mein Hauswirt und seine Frau empfingen und bewirteten mich wie meine Eltern. Die Freude über meine Ankunft war untern Copten allgemein. Die Priester fand ich auch, daß ihre Freundschaft nachwievor gegen mich continuirt. Insonderheit der Cumus Ibrahim, dieser weinte vor Freuden und sagte: „Da ich dein Angesicht erblickte, sahe ich einen Wiederstrahl von Jesu.“ Der Cassies Hanna aber war nicht zu Hause. Unsern Bruder Michael fand ich im Umgang mit dem gecreuzigten Heyland, denn so balde ich mit ihm von Seiner Marter und Tod redete, so leuchtete es aus seinen Mienen, daß sein Herz in der Sache lebte. Dem Ibrahim, Michales Bruder fand ich auch, daß ihm seines Bruders Wort und Wandel seit meiner Abwesenheit zum großen Segen gewesen ist, wofür ich dem lieben Heyland kindlich dankte. Abd el Melak, über den ich mich vormals so gefreuet habe, fand ich in einem laxen Gang. Er war sehr verstekt, und ich hatte kein gutes Gefühl von ihm. Da hingegen sahe ich mit Freuden, daß Hanna, der Silberschmidt doch eine Angel vom lieben Heyland im Herz habe, den er nicht los werden kan. Abends, da ich alleine war, fiel ich meinem guten Herrn zu Füßen und brachte Ihm ein sünderhaftes Gratias für alle auf meiner Reise von Ihm genoßenen Gnade und Bewarung und empfahl mich Seinem durchstochenen Herzen auf die künftigen Stunden. Insonderheit dankte ich auch Gott, dem werten Heiligen Geist, daß Er die etlichen Seelen alhier an das Wort der Versöhnung erinnert und sie bey Jesu Christo erhalten hat, und empfahl sie Seiner fernern Pflege und Aufsicht. Unter den armen Leuten ist hier noch Hungersnot, nun aber wird balde Raht werden, denn die schöne Frucht des Feldes läßt eine reiche Ernte hoffen.

Den 4. Februari besuchte mich Hanna, der Silberschmidt, nebst noch einem Mann aus dem Dorffe Abtutsje nahmens Michael, ein hübscher Mann. Er fragte mich um meinen Glauben und um meiner Lehre, dieses erzehlte ich ihm mit einem einfältigen, aber warmen Herzen. „Du bist ein Heiliger", sagte der Mann. „Nein", sagte ich, „von Natur bin ich ein im Grunde verdorbener Sünder, wie du und alle Menschen. Seitdem ich denn aber von Herzen habe glauben können, daß Gott ein Mensch worden, für mich gelitten und Sein Blut vergoßen hat, und ich die Kraft hiervon zur Vergebung aller meiner Sünden an meinem Herzen erfahren habe, seitdem habe ich auch Macht, heilig zu leben und darf der Sünden Knecht nicht mehr sein." „Und", fuhr ich fort, „dein Heyland, den du jetz noch nicht kennest, hat es dir auch erworben, so zu werden." Es war mir wohl bei diesem Menschen und er bat mich, ihn doch auch zu besuchen, welches ich ihm auch versprach.

Den 5. Februar speiste ich sowohl zu Mittag als auch Abends bey Bruder Michael und hatte mit ihm und seinem Bruder rechte liebliche Gespräche.

Den 6. Februar hörte ich, daß der Bischof hiesigen Districts nahmens Karolus, der seinen Sitz in Cairo hat und nur alle Jahr ein mahl herauf kömt, Kirchenvisitation zu halten, und der ein sehr eifriger Copte war, der nicht allein, wenn er fand, daß die Leute nicht strict genug im Fasten und Beten waren, mit sehr harten Worten strafte, sondern auch oft derbe mit dem Prügel drein schlug, auf seiner Reise, da er schon etliche Kirchen besucht hatte und just im Begrif war, hierher nach Behnesse zu kommen, in dem Dorffe Berde Noha 3 Stunden von hier, seinen Geist habe aufgegeben.

Den 8. Februar kam der Cassies Hanna zu Hause. Er kam gleich zu mir, um mich zu bewilkommen, war aber sehr finster und niedergeschlagen. Ich redete ihm freundlich vom lieben Heyland zu, aber es half nicht. Es fehlte mir diese Tage nicht an Besuch, wohl aber an offenen Ohren und Herzen. Und ach, wie bitte ich den lieben Heyland, daß Er doch in Gnade und Barmherzigkeit auf dies arme Volk hernieder sehen und der Blinden Augen und der Tauben Ohren öffnen wolle.

Den 10. Februar gab ich dem Bruder Michael die von Bruder Hocker ins Arabische übersetzte Kirchen- und Osterlitaney zu lesen zum Segen für sein Herz. Er fand freilich manches darinne, wovon er keine Einsicht hatte, welches Anlaß zu gesegneten Gesprächen gab. Auch besuchte mich heute Hanna, der Silberschmidt und sagte, daß der Heyland gar oft an sein Herz geklopfet habe, er sey Ihm aber immer aus dem Wege gangen, weil er die Welt noch lieb hatte, es habe ihn aber eine beständige Unruhe verfolgt. „Und", sagte er, „das Wort, welches ich von dir gehört habe, daß Gott am Creuz gehangen und an Seinem heiligen Leibe für mich gelitten hat, bricht mir mein Herz." So große Freude ich nun über dies Hanna seine Herzenserklärung hatte, so betrübt waren hingegen die Nachrichten, die ich heute durch natürliche Leute von Abd el Melak hören muste, nemlich daß er sein eigen Weib verstoßen und mit eines anderen Weib die Ehe gebrochen habe, doch glaubte ich nicht alles, bis ich ihn selber sprechen konte. Er aber meidete mich etliche Tage. Es grif mich aber die Nachricht so an, daß ich mich kaum raffen konte, bis ich mich zum lieben Heyland wendete, Ihm mein Anliegen in Seinen Schoß schüttete und überschwenklich über alles getröstet wurde.

Den 11. Februar besuchte ein Silberschmidt aus Klossonne den Bruder Michael, welchen Michael bei seinem Herumreisen etwas vom Heyland gesagt hatte, und jetz kam erwehnter Silberschmidt, um noch mehr zu hören. Bruder Michael brachte ihn sogleich zu mir. Es schien ein hübscher Man zu sein, der nicht unfähig ist zum Reich Gottes. Ich hatte gar hübsche Gespräche betreffend den einigen Grund unserer Seligkeit in Jesu Blute mit ihm. Er blieb ein paar Tage bei Michael und besuchte mich, so wie auch ich ihn fleißig.

Den 12. Februar besuchten mich 2 Priester aus dem Sanct Michaelis Kloster bey der Stadt Siud in Oberegypten, ein paar hübsche Männer. Sie sagten, daß sie unterwegens viel von mir gehört hätten und sich freuten, mich hier anzutreffen. Ich bat sie, mir nach der Wahrheit zu berichten, was sie denn unter den Leuten von mir gehört hätten. „Wir haben überal von dir gehört“, sagten sie, „daß du ein sehr eifriger Christianer bist, den Messias so lieb hast, daß man deinesgleichen hier noch nicht gesehen hat, daß du aber die Fasten verwirfst und sagest, daß solche zur Seligkeit nichts helfe“. „Lieber“, sagten sie, „wie reimt sich das?“ Ich sagte: „Eure Fasten und ganze Kirchengesetze gehen mich nichts an.“ „Aber“, sagte ich, „wozu dienet die Fasten?“, Antwort: „Nirgends zu, als daß wir unseren Leib cassteyen.“ „Gut“, sagte ich, „jetz wil ich euch auch sagen, wie ich nicht allein meinen Leib, sondern auch meine Seele cassteye. Gott, der Schöpfer Himmels und der Erden, ist ein armer Mensch worden, hat 33 Jahr in dieser Welt ein gedrücktes Leben geführt, hat am Ölberg solche Seelenangst empfunden, daß Sein Schweiß mit Blut vermischt von Ihm auf die Erde floß, hat sich anbinden und geißeln laßen, hat Sein Haupt mit einer Dornencrone crönen und sich ins Angesicht schlagen laßen, hat sich den Übelthätern gleich rechnen und ans Creuz nageln laßen, hat so etliche Stunden mit großen Schmerzen in Seinem Blute da gehangen, hat sich Seine Seite mit einem Sper öfnen laßen und all Sein Blut vergoßen. Da diese große Geschigte zum ersten mal in mein Herz gedrungen, daß solches um meiner Sünde willen geschehen ist, habe ich nicht ruhen können, bis ich ein neues Leben aus dem Tod meines Schöpfers empfangen habe und vergewißert worden bin, daß alle meine Sündenschuld durch dieses große Opfer abgethan ist. Seitdem bin ich ein neuer Mensch und kan mich täglich Gottes, meines Heylandes, freuen. Fühle ich nun, daß ein böser Gedanke in meiner Seele aufsteigt, so rufe ich die heilige Seele Jesu an, die für mich bis in den Tod betrübt war. Fühle ich in meinen Gliedern etwas, das Sünde ist, so sehe ich die heiligen Glieder Jesu an, an denen Er für mich gelitten, sie hat töten und ins Grab legen laßen und sie auch mit gen Himmel genommen hat. In dieser Betrachtung fühle ich solche Gotteskräfte, die alle böse Macht der Finsternis, welche so viel tausend arme Menschen verfinstert, in einem Augenblick wie Staub auseinander treibt.“ „Habt ihr mich verstanden?“, fragte ich sie, Antwort: „Wir haben unsre Lebtage so was nicht gehört, wir erstaunen über deine Rede." „Nun", sagte ich, „das ist meine Cassteyung, welche haltet ihr nun vor die zuverläsigere, meine oder die eure?" Antwort: „Wir wollen unsers gar nicht in Anmerkung bringen, denn das sind nur Menschensatzungen, du aber bist ein seliger Mensch und von Gott gelehrt." Sie thaten darauf noch verschiedene Fragen, insonderheit der Kirche, zu der ich gehörte, betreffend und ob viele solche Leute wie ich in meinen Lande wären, und bezeigten über meiner Antwort, die ich ihnen über alles gab, ihr gröstes Vergnügen und Zufriedenheit und nötigten mich, mit ihnen in ihre Gegend zu gehen. Ich sagte, daß könne sich schon einmal machen, daß ich hin käme. „O, vergiß es nicht", sagten sie, „wir wollen dich mit Freuden aufnehmen." Und so nahmen sie gar freundlichen Abschied. Diesen Abend speht[sic; = spät] kam Abd el Melak, um gerne ein mahl allein mit mir zu reden. Ich stelte ihm vor, was ich zu meiner großen Betrübnis von den Leuten seinetwegen hören muste, und sagte: „Freund, warum besuchst du mich? Magst du doch deine Wege, die böse sind, für dich allein gehn. Liebest du noch die Wercke des Teufels, so kanstu keine Gemeinschaft mit Gottes Kinder haben. Und du must es mir nicht übel nehmen, wenn ich dir hiermit sage, mich mit deinem Besuche zu verschonen. Und wiße, daß ich mich im Geringsten nicht mehr mit dir einlaßen kan, es sey denn, daß ich sehe, du bist wahrhaftig Sünder vor den Heyland und machst auch deine Sachen unter den Menschen aus." Worauf er sehr anfing zu weinen und mir seinen ganzen Zustand zitterhaft erzehlte. „Mein Weib", sagte er, „habe ich nicht verstoßen, sondern sie wolte aus 2 Uhrsachen nicht bei mir bleiben. Erstlich, weil ich nicht mit ihr wie vorhin in beständigen Lüsten des Fleisches leben kan noch wil, so redet mein Weib böses von mir, die Leute glauben ihren Worten und urtheilen gottlos über mich. 2tens wil sie darum nicht bei mir bleiben, weil ich meine arme Eltern und eine Schwester bei mir habe, die ich von meinem Verdienst ernehre[sic; = ernähre], und die, wenn ich sie von mir stoße, Hungers sterben müßten. In Absicht dieser 2 Uhrsachen sagte mir mein Weib etliche mahl, daß, wenn ich sie nicht zu ihren Eltern zurückbringen ließ, sie sich ersäufen würde, und so habe ich sie durch meinen Vater ihrem Vater übergeben laßen, bin aber bereit, sie, wenn es ihr gefält bey mir zu wohnen, täglich wieder zu mir zu nehmen." Ich sagte: „Wenn diese deine Rede Wahrheit ist, so finde ich nichts, worinnen du in dieser Sache gesündiget hättest, wünsche aber von Herzen, daß du dich mit deinem Weibe vergleichen mögest, und laße dir vom Heyland Gnade schenken, Geduld und Mitleiden mit ihr zu haben. Und bedenke, daß da du sie geheuratet hast, du auch keine andere denn nur fleischliche Absichten mit ihr gehabt hast. Hast du nun andere Augen, das ist Gnade, die der Heyland deinem Weibe, wenn du ihr mit guten Exempeln vorgehst, auch schenken kan." „Aber", sagte ich, „woher kömt es dann, daß man dich eines Ehebruchs beschuldiget", Antwort: „Hierzu habe ich den Leuten Uhrsache gegeben, um also von mir zu denken. Hurerey habe ich nicht begangen, bin aber vom Heyland gewichen und habe mich zu einer andern bösen That durch einem

Weibe verleiten ‚laßen' [eingefügt], nemlich da diesen Winter hier große Teurung war, kam das Weib N, die von meiner nahen Verwandschaft ist, und klagte mich, daß ihre Eltern in 3 Tagen keinen Mund vol Brodt mehr hatten, ihr Mann habe Korn genug, habe aber kein Mitleiden mit ihnen. So habe sie von ihrem Mann ein Maas Weitzen gestohlen, um denselben ihren Eltern zu geben, wiße aber denselben bei Tage nicht fort zu bringen. Darum bat sie mich, daß ich den Weitzen in meiner Werk Stadt [sic; = Werkstatt], die dichte neben ihrem Hause ist, nehmen und verbergen möchte, bis es Nacht sey. Dieses that ich. Da nun die Leute schlieffen, kam sie, um den Weitzen abzuholen. Ein Mann aber, der in der Straße wachend war, sahe sie in meine Werkstadt gehn, und folgte ihr auf dem Fuß nach. Weil es aber finster war, so verkroch sich das Weib, der Mann riegelte die Thür von außen zu, ging hin und weckte noch einen Mann auf, und so kamen die 2 Männer und holten sie aus meiner Werkstadt, und brachten sie zu ihren Eltern mit den Worten: „Hier bringen wir eure Tochter als eine Ehebrecherin zu euch", und dies gab einen großen Lärm. Doch baten die Eltern diese 2 Männer, es doch um Gottes Willen ihrem Schwiegersohn nicht zu sagen. Ich lief zwar auch gleich zu den Eltern und sagte ihnen, wie die Sache sey, aber sie woltens nicht glauben und wolten auch den Weitzen nicht nehmen, sondern sagten zu mir: „Den hast du Ehebrecher unserer Tochter gegeben davor, daß du sie geschändet hast." Und so muß ich vor einen Ehebrecher paßieren." „Ich habe gottlos gehandelt", sagte er, „ach, Jesus, erbarme dich meiner." Ich hatte großes Mitleiden mit ihm und fragte ihn: „Glaubest du, daß du gottlos gehandelt hast, so schiebe es nicht auf, dich von ganzem Herzen zu dem, der [über] die Gottlosen Gericht macht, hinzuwenden." „Vieleigt[sic; = vielleicht]", fuhr ich fort, „dienet dir dieser Zustand zu deiner ganzen Bekehrung." Ich bat auch den lieben Heyland, daß Er sich seiner erbarmen, diese Schande zudecken und es bey den Leuten ins Vergeßen kommen laßen wolle.

Den 13. Februar besuchte mich Ibrahim, Michaels Bruder, und hielt eine gesegnete Herzensbande mit mir. Ich freute mich über die Einfalt seines Herzens und speiste zu Mittag mit ihm bey seinem Bruder.

Den 14. Februar erzehlte mir Bruder Michael viel Erfreuliches, wie er nämlich hier und da Gelegenheit habe, ein Zeugniß abzulegen von dem, wie gut es ein Mensch im Umgang mit dem Heyland haben kann. Auch insonderheit, welches mir das Allererfreulichste war, daß er sich immer mehr mit seiner Frau in Jesu vereinige und diese, je mehr ihm der Heyland Gnade schenke, mit ihr eine göttliche Ehe zu führen, ihn immer lieber kriege. Auch erzehlte er mir, [durchgestrichen: s] wie sehr ihm das Heil seiner 3 Söhne am Herzen liege und daß er den Heyland Tag und Nacht für sie anrufe. Auch sagte er mir in Ansehung ihrer Priester: „Nim dich wohl vor ihnen in Acht, du kanst dich auf niemanden von ihnen [eingefügt und durchgestrichen: verlaßen] als nur auf den Cummus Ibrahim, dieser ist dein wahrer Freund, verlaßen. Die übrigen thun wohl schön mit dir, weil sie wißen, daß sie, was sie dir thun, auch mir wiederfährt, in ihren Herzen aber wünschen sie, daß du weit von Behnesse wärst." Ein Copte nahmens Michael, den ich sonst noch nicht kante, nötigte mich diesen Mittag zum Eßen. Ich fand aber in seinem Hause für das Wort der Versöhnung keine Ohren.

Den 15. Februar kam der mehr erwehnte Silberschmidt Habieb von Klossonne wieder und bat den Bruder Michael, ihm doch behülflich zu sein, daß er mit seiner Frau hierher nach Behnesse ziehn, und mehr vom Heyland hören könte. Ich riet ihm zwar sehr ab und sagte: „Es wäre ja schön, wenn der liebe Heyland in Klossonne auch ein Haus krigte, wo Sein Nahme gekannt und bekennet würde. Wir werden dich nicht vergeßen, sondern fleißig besuchen kommen." Er aber bestund darauf, hierher zu ziehen. Bruder Michael redete darauf mit unserem Silberschmidt Hanna, dieser fand sich gleich willich[sic; = willig], ihm die Hälfte seiner Werkstadt zu überlaßen. Abd el Melak kam auch diesen Abend wieder zu mir und bat mich, ich solte doch seiner vor dem Heyland gedenken. Ich sagte, darauf könne er sich verlaßen, daß ich solches thäte. Er aber solte auch nicht bloß anderer Fürbitte begehren und selber zurück bleiben. Sonst besuchte mich auch heute ein Mann aus dem Dorffe Schrone, 3 Stunden von hier, und sagte, daß der Cassies N daselbst gesagt habe, wenn ich ihrem Ort nahe käme, so wolte er mich steinigen laßen. Er aber, der Cassies, wolle die ersten Steine auf mich werfen. Nachdem ich vieles mit diesen Mann vom lieben Heyland geredet hatte, so fragte ich ihn: „Würdest denn du mich, wenn ich hin käme, auch mit steinigen?" „Hascha, das sey ferne", sagte er, „ich wolte mich für dich steinigen laßen."

Den 16. Februar speiste ich zu Mittag bey Hanna, dem Silberschmidt. Habieb aus Klossonne war auch da und noch etliche andere Copten. Ich redete mit einem warmen Herzen von der unaussprechlichen Liebe unsers Schöpfers und Erlösers [durchgestrichen: ge] gegen das menschliche Geschlegt[sic; = Geschlecht], und fühlte, daß mein Zeugniß Eingang fand.

Den 17. Februar frühstückte ich bey Abd el Melak, wobey er mir vor gewiß sagte, daß er morgen nach Cairo reisete, welche gute Gelegenheit ich ergrif, an meine lieben Brüder Hocker und Antes zu schreiben. +

Den 18. Februar ging ich mit Hanna, dem Silberschmidt, nach dem Dorffe Abtutsje, um mehr erwehnten Michael daselbst zu besuchen. Er nahm mich zwar freundlich auf, aber es leuchtete ein solcher finsterer Geist aus seinen Augen, daß ich mich fürchtete, eine Nacht bey ihm zu bleiben. Ich ging zu Hanna, des Silberschmidts Schwiegervater, der auch in diesem Dorff wohnt, und blieb alda über Nacht. Es wurde mir in diesem Hause viele Liebe erwiesen. Hanna seinem Schwager, einem jungen ledigen Menschen nahmens Auwad, pries ich seinen Schöpfer und Erlöser an und es war mir nicht übel bey ihm zu Muthe. Es fanden sich noch einige andere Copten herzu, die auch mit zuhörten, aber deren Herzen waren wie Stein.

Den 19. Februar ging ich nach Klossonne und kehrte bey mehr erwehnten Silberschmidt Habieb ein. Ich fand aber das nicht in seinem Hause, was ich, da ich ihn in Behnesse sprach, vermuthete, sondern er hatte sich durch eigene Schuld in das äußerste Unglück gebracht, und dies war die Uhrsache, warum er nach Behnesse ziehen wolte. Er war nemlich vom hiesigen Caschef atrapirt[sic; = attrapiert = erwischt] worden, daß er falsche Münze geschlagen habe, daher sein Haus ganz ausgeplündert war. Sein Vater hat so viel Prügel gekrigt, daß er gestorben ist, und dieser Habieb muste auch noch immer flüchtig sein. Ich sagte zu ihm: „Mein Freund, das kömt nicht mit dem, was du dem Malim Michael und mir in Behnesse sagtest, überein. Und sowohl ich als auch Michael können uns in diesem deinem Zustand im Geringsten nicht mit dir einlaßen." „Und", fuhr ich fort, „weil du noch nicht weißt, was mit dir werden kan, so wende dich doch als ein Übelthäter zu Jesu und suche zu förders[sic; = zuförderst] Rettung für deine arme Seele", welches er mir zu thun versprach. Des andern Tages wolte ich weiter gehn, es baten mich aber einige Copten, noch einen Tag bei ihnen zu bleiben, welches ich auch gerne that, und hatte etliche mahl Gelegenheit, ein Zeugniß von dem Versöhner unsrer Sünde mit warmem Herzen abzulegen. Es besuchte mich auch ein paar mahl der hiesige Cummus, nahmens Michael, ein alter lieber Mann. Er sagte zu mir: „Dein Freund, der Cummus Girgis aus Samalut, hat mir viel Gutes von dir erzehlt, und ich freue mich sehr, daß ich jetz das Glück habe, dich auch kennen zu lernen." Er that etliche Fragen unserer Kirchenordnung, Tauffe, Beichte und Abendmahl betreffend und bezeigte Vergnügen. Sodann fragte er, was wir von guten Werken hielten, Antwort: „Dies ist nicht das erste Stück, worauf bey uns gedrungen wird. Denn wir wißen, daß es möglich ist, daß Leute ohne Gnade sein und doch viele sogenante gute, ja löbliche Werke thun können. Es ist aber nicht möglich, daß Leute, die Gnade haben, ohne gute Werke sein können. Darum wird bey uns gelehrt, daß eine jede Seele zuerst Gnade und Vergebung der Sünden suchen und eine lebendige Rebe am Weinstock Jesu werden muß. Welche Rebe alsdann nicht gute Früchte bringet, wird abgehauen und ins Feuer geworfen." Endlich fragte er noch, ob wir auch fasteten, Antwort: „Nein, unser Herr Jesus Christus hat gesagt: „Siehe ich bin bey euch alle Tage bis an der Welt Ende." Und wie solten die Hochzeitsleute fasten, solange der Bräutigam bey ihnen ist?", worauf dieser alter Mann mit Tränen in den Augen ausrief: „O Jesus, Jesus, ein seliges Volck." Etliche Copten, die dabey waren, sagten: „Ey Vater, warum fasten dann wir?", worauf der Alte sagte: „Dieser Malim Hanna ist von der ersten Kirche, welche Christus und seine Apostel gestiftet haben, da ist die Liebe des Gesetzes Erfüllung. Wir aber haben die Liebe und also alles verlaßen und müßen uns mit Menschengebot behelfen, Christus aber ist mächtig, daß Er uns wohl wieder besuchen kan." Es war mir recht wohl bey diesem alten Mann und hörte nachher, daß er auch hinter meinem Rücken gute Zeugniße von mir abgelegt habe.

Den 21. Februar ging ich nach Samlut[sic; = Samalut], allwo ich 2 Tage verblieb. Die Copten allhier bewiesen mir viele Liebe, in ihren Herzen aber fand ich noch kein Verlangen nach dem lieben Heyland. Auch der Michael hirselbst, hatte das, was er wahrlich schon einmal von der Liebe Jesu geschmeckt, wieder in den Wind geschlagen, und ich fand nichts als ein verstelltes und mir ekelhaftes

Wesen an ihm. Ich konte nichts thun, als sie unserm barmherzigen Heyland empfehlen. Dies that ich mit Tränen und krigte ein solches Trostwort von Ihm in mein Herz, daß ich glauben konte, es werde noch ein mahl unter den Copten recht herrlich werden. Meinen Freund, den Cummus Girgis, fand ich nicht zu Hause, seine Frau und Kinder aber, die just in Samalut waren, freuten sich sehr, mich kennen zu lernen.

Den 23. Februar ging ich wieder nach Behnesse und hatte unterwegens, weil heute Abendmahlstag war, gar selige Herzensbande mit dem besten Freunde meiner Seele. Weil überal unter den armen Bauern noch Hungersnot ist, so konte mich dismahl nirgends lange aufhalten, um den armen Leuten nicht lästig zu sein. Und ein Logie, wo man vor Geld zehren kan, findet man nirgen[d]s. Meine meiste Speise in diesen 8 Tage war Welschkornbrot und Salz.

Den 24. Februar besuchten mich alhier in Behnesse alle 4 Cassies oder Priester und waren besonders freundlich. Ich gab ihnen unsere von Bruder Hocker ins Arabische übersetzte Kirchenlitaney zu lesen, worüber sie sich sehr wunderten, und sagten: „Ihr müßet doch ein seliges Volck sein." Insonderheit wurde der Cassies Hanna aufs Neue kräftig angefaßt und sagte zu den übrigen Cassies: „Wir wandeln gänzlich im Finstern, wir solten uns doch mehr in der heiligen Schrift umsehn, und wenn wir dieselbe auch nur mit unserem menschlichen Verstande läsen, so würden wir doch sehen, daß wir an dem Willen Gottes vorbey gehen und nur bloß den menschlichen Erfindungen folgen." Mit Michael, Ibrahim und Hanna Sayk, das ist der Silberschmidt, hatte ich diese Tage auch gesegnete Conversationen und sahe mit Freuden, daß der heilige Geist an ihren Herzen arbeitet. Sie sehnen sich nach einem bequemlichen Plätzchen, wo wir in der Stille vor uns allein zusamenkommen und uns gemeinschaftlich vor dem lieben Heyland miteinander erbauen könten. Ich war auch sehr davor und glaube, der liebe Heyland würde Seinen Segen auf uns legen, uns fruchtbar sein laßen und uns mehren. Es ist aber in einem egyptisches Dorff ein solches Plätzchen würcklich schwer zu haben. Ich habe zwar mein Kämmerlein allein, habe aber von Früh bis in die Nacht fast beständig Besuch. Ich traue es aber meinem guten Herrn zu, daß Er, wenn nur erst sieht, Herzen vor sich zu haben, die es ganz mit Ihm meinen, auch in diesem Theil Raht schaffen wird.

Den 25. Februar besuchte mich der mehr erwehnte Jüngling Auwad aus Abtutsje. Ich redete mit ihm von dem großen Glücke eines Menschen, der in seinem ledigen Stande in seinem Herzen erführe, was ihm Jesus durch Seine heilige Menschwerdung, Leben, Leiden und Sterben verdient und zu Wege gebracht habe. Er hörte sehr attent zu und versprach mir, sein Herz dem lieben Heyland hinzugeben.

Den 27. Februar besuchte ich mit dem Cassies Hanna in dem Dorff Abe und kehrte bey mehr erwehntem Juseph ein. Ich fand aber nichts als Pharisäer und Philosophen, doch fanden sich etliche Weiber, die begierig waren, das Wort von der Versöhnung Jesu anzuhören. Diesen prieß ich das Glück einer armen Sünderin, wie die Maria Magdalena zu Jesu Füßen liegend, mit warmem Herzen an und es war mir wohl dabey.

Den 28. Februar kehrte ich wieder nach Behnesse zurück. Bruder Michael kam sogleich zu mir und bat mich, diesen Abend bey ihm zu eßen, welches ich auch that. Er erzehlte mir, daß ihn ein Cassies aus dem Sanct Antoni Kloster besucht habe. (Dies ist der Copten ihr heiligstes Kloster, es liegt übern Nil ganz allein gegen Morgen weit in den Bergen und es wohnen lauter unverheurathete Mönche in demselben) Der Cassies habe zu ihm gesagt: „Ich wundere mich, daß du dich durch einen Ausländer zu einer fremden Lehre verleiten läßest, denn ich habe gehört, daß du den Malim Hanna el Englese sehr lieb hast und allen seinen Worten glaubest." Michael sagte: „Malim Hanna lehret uns, daß wir durch keinen andren Weg denn allein durch Jesum selig werden können und daß wir, weil uns Jesus zuerst geliebet und für unsere Sünden Sein Blut vergoßen hat, Ihn wieder lieben und Ihm unsere ganze Herzen geben sollen." „Das ist gut", sagte der Cassies, „wie siehts aber um die Fasten aus?" Michael sagte: „Weistu[sic; = weißt du] nicht, Vater, was der Heyland zu jenem Schriftgelehrten sagte, der zu Ihm sprach: „Meister, du hast wahrlich recht geredet, denn Gott von ganzem Herzen, von ganzer Seelen und aus allen seinen Kräften lieb haben und seinen Nägsten[sic; = Nächsten] lieben wie sich selbst, dis ist mehr als Brandopfer und alle Opfer, du bist nicht ferne vom Reich Gottes." Wie viel mehr nun, wenn wir Jesum, der uns durch Seinen Tod erlöset, uns mit Leib und Seel hingeben, Ihn über alles lieben und woraus dann gewiß auch folgt, daß wir alle Menschen lieben, sollte dis nicht mehr sein denn alle Fasten und Corban oder Opfer?", worauf der Cassies sagte: „Die Wahrheit ist in deiner Hand, mein Sohn, Friede sey mit dir. Und grüße deinen Malim Hanna viel von mir." Da Bruder Michael mir dis erzehlte, so wolte er mir in ihren alten Büchern etliche Stellen zeigen, woraus ihm der Cassies Anfangs dieses und jenes habe überführen wollen. Ibrahim aber sagte mit einem besondern Blick: „Bruder, laße doch die alten Bücher liegen und die Pfaffen ihre Wege gehn, wenn wir nur wißen und glauben können, daß Gott ein Mensch worden und für uns gestorben ist, mehr brauchen wir nicht. Gottlob, daß Malim Hanna zu uns kommen ist und hat uns dis verkündiget, denn vorher wußten wir nichts davon." Es saßen noch einige andere Copten dabey, welche nicht ohne Eindruck blieben.

Den 1. März hatte ich mit Hanna Sayk und dem Cassies Hanna selige Gespräche von der Liebe Jesu zu armen Sündern. Bey ersterem war es mir besonders wohl. Er konte nicht von mir weg kommen, sondern blieb die ganze Nacht bey mir. Des Morgens sagte er, es sey im Traum ein lieblicher Man zu ihm kommen, der habe gesagt: „Siehe, das Alte ist vergangen und es ist alles neu worden." Ich sagte: „Ja, das wird geschehn, wenn du so hübsch kindlich fortfährst und nicht eher ruhest, bis du weißt, Jesus ist dein und du bist Seyn."

Den 2. März paßierte der Mahumet Beg, von dem man hörte, daß er aus Cairo exuliert sey, mit einem großen Gefolge hier vorbey. Die armen Menschen wurden, wo er durch kam, sehr geplagt. Ihr Vieh wurde mit fortgetrieben und das

Korn im Felde sehr vernichtet. Weil aber Behnesse so weit vom Nil gegen Abend liegt und er seinen Marsch immer am Nil fortnahm, so blieben wir hier Gottlob von dieser Trübsal ganz verschont. Ein armer Copte von hier aber, der just Geschäfte halber am Nil war, hatten sie einen Arm entzwey geschlagen. Auch nahm heute der Copten ihre große Fasten, welche 55 Tage weret, ihren Anfang. In dieser Fasten geht es sehr pover[sic; = poor?] zu, weil sie auch nicht ein mahl Fisch eßen dürfen. Ich faste treulich mit und tröste mich mit Pauli Worten, der eben jeder Mann allerley worden ist, auf daß er ihrer etliche selig machen möchte.

Den 4. März kam Ibrahim zu mir und sagte, daß er sich die vorige Nacht sehr sündig gefühlt habe, da sey er von seinem Bette aufgestanden und habe zum lieben Heyland gesagt: „Ach du liebes Gotteslamm, du hast ja dein Blut für mich vergoßen, wasche mich doch in demselben von meinen Sünden rein und laß mich selig vor deinem Angesicht schlaffen.“ Da sey ihm so leigt[sic; = leicht] ums Herze worden und habe darnach sehr süß geschlaffen. Ich sagte: „So mach du es immer, wenn du dich recht elend fühlst, so wende dich zu Jesu, so wirstu erfahren, daß Er ein Freund der armen Sünder ist.

Den 5. März besuchte mich der im verwichenen Jahr in meinen Diarium gedachte coptische Schreiber Stefanus aus Klossonne und freute sich sehr, mich wiederzusehn. Er sagte: „Ich habe gehört, daß du in Klossonne gewesen bist, und es hat mir sehr weh gethan, daß ich nicht zu Hause war.“ Ich fragte ihn, ob er nicht mannig mahl daran gedacht habe, was ich ihm vorm Jahr von seinem Schöpfer und Erlöser gesagt. „Ich habe wohl daran gedacht“, sagte er, „aber ich bin ein großer Sünder p[era].“ Ich sagte: „Wenn du nur von Herzen ein Sünder bist und die Sünde nicht mehr lieb hast, so kan dir ja balde geholfen werden, denn Christus ist ja in die Welt kommen, die Sünder selig zu machen“, wobey ihm die Tränen über die Wangen liefen, und es war mir so bey ihm, daß er nicht ferne vom Reich Gottes sey.

Den 7. März besuchte mich Michael aus Abtutsje. Ich fragte ihn, ob er nicht sein Herz dem lieben Heyland geben wolle, Antwort: „Das hab ich schon gethan.“ Ich fragte: „Wann hastu es Ihm denn geben?“ Antwort: „Von meiner Jugend auf habe ich nichts Böses gethan, noch gedacht, sondern mein Herz ist ganz rein und ich bin ein Knecht Christi.“ Und so erzehlte er ein großes Register von seinem Glauben und guten Wercke her. Ich sagte: „Mein Freund, weist du, was Paulus sagt? „Wenn ich mit Menschen- und mit Engelszungen redete, wenn ich was sagen könte, wenn ich allen Glauben hätte, so, daß ich Berge versetzen könte, wenn ich alle meine Habe den Armen gäbe und ließe meinen Leib brennen, und hätte die Liebe Christi nicht, so wäre mir dis alles nichts nütze.“ Hastu den Herrn Jesum lieb?“ Antwort: „Ja, von ganzem Herzen.“ Ich sagte: „Das leuchtet nicht aus deinen Augen, aber sage mir, [durchgestrichen: vor] warum hastu Ihn denn lieb?“ Hierauf konte er mir nicht antworten. Ich sagte: „Ich habe meinen Herrn und Heyland lieb, weil Er aus Liebe für mich den Trohn seiner Herlichkeit verlaßen, ein Mensch worden und in armer niedriger Gestalt zur Welt geboren ist, hat 33 Jahr in Mühe und Arbeit hirnieden gewandelt, hat so viel Plagen und Marter ausgestanden, bis Er endlich zum Tode verdamt und zwischen zween Überlthätern ans Creuz genagelt ist. Seitdem diese Liebe durch den Heiligen Geist in mein Herz ausgegoßen ist, kan ich sagen, daß ich Ihn lieb habe. Wer aber hiervon noch kein Gefühl ins Herz hat und wer diese große Geschigte noch mit trockenen Augen und Herzen anhören kan, der muß nicht sagen, daß er Jesum lieb hat.", wobey mir sehr warm ums Herz war. Es waren auch noch ein paar andere Copten dabey, welche nicht ohne Gefühl blieben. Michael ging stilschweigens weg, einer alhier aus Behn[esse] aber nahmens Sukme, Abd el Melak sein Halbbruder, ein sehr rauher Mensch, ward sehr gerührt, und fragte mich, was er thun solte, daß er selig würde. Diesen wies ich mit gefühligem Herzen zum Heyland.

Den 9. März kam Stefanus wieder zu mir und brachte seines Meisters Sohn, vor den er schreibt, mit. Ich hatte mit ihnen rechte hübsche Unterredungen, betreffend den einigen und wahren Grund unserer Seligkeit, allein in Jesu Christo gegründet. Sie waren sehr attent und invitirten mich, sie zu besuchen.

Den 10. März kam mein Hauswirt Hatsje Hanna, (Hatsje, das ist ein Pilger, der zu Jerusalem gewesen ist) zu mir und war sehr verlegen. Denn ich hatte seit meinem dismaligen Aufenthalt alhier, vor einen billigen Preiß mittags und abends mit ihm gespeiset und er hatte mich würklich sehr lieb. Weil aber sowohl er als insonderheit sein Weib eigengerechte und sehr heuglerische[sic; = heuchlerische] Leute und dabei doch große Sclaven der Sünde sind, wie mans bei den Copten leider durchgängig findet, – so daß wenn ich zu ihnen kam, sie nichts denn den teuren Nahmen Jesu bey allen läppischen Sachen ins Maul führten, und sich stelten, als ob sie auf einmahl in den Himmel fahren wolten, kam aber jetz den Augenblick ein Mahametthaner, so hieß es dem zu gefallen, Selem al Nebbi, das ist „Segne oder grüße den Propheten Mahumet", so sagte ich: „Höre, mein Freund, ich kan nicht mehr bei dir zum Eßen kommen. Ich habe meinen teuren Heyland viel zu lieb, als daß ich täglich sol anhören, daß Sein Nahme so gemisbraucht wird." „Aber", sagte ich, „lieber Freund, wehle dich doch eins, diene dem Teuffel ganz und misbrauche nicht so Christi Nahmen oder gib dich Christo ganz hin und laße dich vom Dienst des Teuffels frey machen. Ich bitte dich um deiner Seelen Seligkeit willen", sagte ich, „wehle das Beste." Heute kam er, wie gesagt, zu mir, weinte wie ein Kind und sagte: „Die Tage her, da du nicht mit mir gegeßen hast, hab ich auch nicht können eßen, sondern mein Herz ist wie in einer Preße. So alt bin ich worden und hab Wunder gedacht, welch ein guter Christ ich wäre, ja selbst meine Priester halten mich vor einen Cadies oder Heiligen, und jetz muß ein Jüngling und Liebhaber Jesu aus fernen Lande kommen und mir sagen, daß er wegen meiner Gottlosigkeit nicht bei mir aus- und eingehen kan. O wehe mir, in welch einer falschen Lehre bin ich aufgebracht. O hätte ich von meiner Mutter Leibe an einen solchen Lehrmeister, wie du bist, gehabt, so würde ich jetz ein seliger Mensch und nicht so mit dem alten Gift durchzogen sein." Es war mir würklich recht artig bey dem alten Mann und sagte zu ihm: „Du bist noch nicht zu alt, sondern wenn dichs noch ganz um Jesu zu thun sein wird, so wird Er sich finden und dich erfahren laßen, daß Er bereitet ist, arme Sünder aufzunehmen.

Den 12. März kam der Cassies Hanna zu mir und begerte, weil er morgen nach Cairo gehn wolte, eine Recommandation an Bruder Hocker. „Denn“, sagte er, „ich habe zu niemand in der Stadt das Zutrauen, Logie bey ihm zu suchen, denn [durchgestrichen: d] zu deinen Brüdern.“ Es kam mir schwer an, meinen lieben Brüdern einen Menschen aufzuladen, der noch nichts im Herzen hat, aber was solte ich thun. Ich gab ihm also einen Brief, in der Hofnung, daß es ihm, wenn er sich etliche Tage bei ihnen aufhalten würde, zum Segen sein möchte.

Den 15. März kam Bruder Michael, der etliche Tage auf der Reise gewesen war, wieder zu Hause und besuchte mich sogleich. Hanna Sayk kam auch her und wir lasen eine von Bruder Hocker ins Arabische übersetzte Rede des seligen Jüngers miteinander, welche ihnen, und in Sonderheit Hanna Sayk, sehr zum Segen war. Hatsje Hanna besuchte mich auch fleißig, war aber immer sehr böse auf seine Religion. Ich sagte, das solte er nicht sein, sondern solte lieber über seine eigene Sünde murren und sich zum Heyland bekehren. Diesen Weg aber konte er noch nicht finden. Sonst war ich diese Tage viel allein, konte aber wenig lesen oder schreiben, weil ich eine große Schwäche in meinem Gesicht spürte. Doch Gottlob nach ein paar Wochen legte sichs zimlich wieder. Desto fleißiger aber legte ich dem lieben Heyland die Coptische Kirche und insonderheit diese Gegend, wo mich Seine Wunderhand hergestelt hat, an Sein erbar[m]ungsvolles Herz. Und ich weid,eid'ete [durchgestrichen] mich als ein armer Sünder gar selig in Jesu Passion.

Den 16. März besuchte mich der Jüngling Auwad von Abtutsje und erzehlte mir, daß der Michael daselbst sehr wider mich wüte und die Leuten warne, sich vor meiner Irrlehre in Acht zu nehmen. Ich fragte Auwad, ob denn er nicht auch bange sey, daß ich ihn irre führen möchte. „Nein“, sagte er, „du weisest mich ja nirgens hein[sic; = hin] denn zum Heyland und der Heyland kan ja nicht irren.“

Den 17. März empfing ich gar tröstliche Briefe von meinen lieben Brüder aus Cairo, worinnen sie mir nicht allein von ihrem Wohlbefinden und wie sie täglich in ihrem Gebet meiner gedächten berichteten, sondern auch wie sie für sich und mich solche herzerfreuliche Nachrigt[sic; = Nachricht] aus der lieben Gemeine erhalten hätten, von deren wichtigstem Inhalt sie mir etwas in ihren Briefen mittheilten. O, dies war für mich ein großes Freudenfest.

Den 20. März legte ich an etlichen Copten sehr gesegnete Zeugniße von der blutigen Versöhnung Jesu ab, wobey sie sehr bewegt wurden. Aber ach, wie bat ich den lieben Heyland, daß es doch einmahl bey ihnen haften und etwas Bleibendes sein möchte. Bruder Michael war heute fast den ganzen Tag bey mir und lase mit vielen Segen in die von Bruder Hocker übersetzten Reden des seligen Jüngers. Und weil jetz, da die Ernte angeht, auch seine eusere[sic; = äußere] Geschäfte wieder angehen, um das, was der Obrigkeit zukäme, einzutreiben, so empfahl er sich bey mir ins Andenken vor dem lieben Heyland und reiste des andern Tages zum Caschef nach Benn[e]schweyf.

Den 22. März als am Abendmahlstag fühlte ich mich sehr sündig, arm und bedürftig. Ich weinte es dem lieben Heyland vor und bat Ihn, mich, Seinen armen Einsamen, an diesem Segenstage doch auch nicht zu vergeßen. Und O, wie milde wurde mein armes Herze und Gemüt durch Seine liebe Nähe gestilt und getröstet.

Den 23. März besuchte mich oft gedachter Michael aus Abtutsje. Er war sehr freundlich und sagte mir, daß er sich hier in Behnesse ein Haus gekauft habe und mich nun fleißig besuchen würde. Ich sagte: „Andere Leute warnest du vor mir und du wilst mich besuchen, wie reimt sich das?“ Er schämte sich. Ich aber that ihm freundlich und sagte: „Besuche mich so oft du wil[s]t.“ Mit Hanna Sayk hatte auch heute gesegnete Unterredungen von Gottes Menschwerdung, Leiden und Tod und deßen Uhrsache. Sukme war auch dabey und blieb nicht ungerührt. Er versprach uns, sein Herz auch dem Heyland hinzugeben.

Den 24. März ging ich auf einen Besuch nach dem Dorff Sjelf, die Mannsleute aber waren alle im Felde und traf nur etliche Weiber an, denen ich ihren gecreuzigten Schöpfer und Erlöser anpries. Etliche von ihnen lachten mich aus, etliche aber hörten es gerne und baten mich, daß ich doch balde wieder kommen möchte. Abends ging ich nach Abtutsje und blieb bey dem Jüngling Auwad seinen Vater über Nacht. Auwad freute sich sehr über meinen Besuch und blieb bey meinem Zeugnis von Gottes Marter nicht ungefühlich. Ich priese auch noch andere Copten in diesem Dorf die Gnade in Jesu Blute an. Aber würklich, weil sie jetz ihre große Fasten haben, welche 55 Tage wärt, in welcher Zeit sie nie vormittags frühstücken dürfen und alsdann auch nichts als Brot und Grünkraut eßen dürfen, so sind sie viel unlüstern und convuser denn die Türcken im Rammadan. Denn diese dürfen doch bey der Nacht eßen, was sie wollen.

Den 25. März kehrte ich wieder nach Behnesse zurück und betete abends in Geistesgemeinschaft mit meinen Chorbrüdern unsern im Fleisch geoffenbarten Gott auf meinem Angesicht an.

Den 27. März besuchten mich die 2 hiesigen Cummus und weil jetz ihre große Fasten ist, so gab es viel Fragens wegen Fasten und nicht Fasten. Ich aber blieb dabey, daß ich von keiner andern Cassteiung meines Leibes wiße noch wißen wolle denn in den Gecreuzigten Jesu und daß solange mein Herz und Augen darauf gerichtet blieben, was mein Schöpfer an Seiner heiligen Seele und Leibe für mich ausgestanden, die Sünde nicht über mich herschen könne, sondern Kraft deßen hersche ich über die Sünde. Der Cummus Ibrahim sagte: „Ich rede dich nur immer darum an, um von dir etwas vom Heyland zu hören. Glaube mir, daß ich vor deine Lehre sterben wil.“

Den 29. März besuchte mich Hanna Sayk und brachte seinen Schwager Auwad aus Abtutsje mit, bey ersterem war mir besonders wohl.

Den 31. März besuchte ich in etlichen Häusern hier in Behnesse und predigte getrost von der alleinigen Gnade und Seligkeit in Jesu Blute. Abends hatte ich eine unbeschreiblich selige Herzensbande mit unserm lieben Herrn in Ansehung meines Postens und beschloß diesen Monat voll Glaube und Hofnung.

Den 2. April ging ich nach dem Dorffe der Araber Asieb, alwo heute Marktag war, in der Hoffnung, ob mich daselbst nicht jemand anreden würde, dem ich ein Wort von seinem Schöpfer und Erlöser sagen könte, weil daselbst von vielen Dörffern Copten hin kommen. Und da ich ein wenig auf dem Markt war herum gegangen, so kam ein Mubascha oder coptischer Schreiber zu Pferde geritten, grüste mich sehr freundlich und sagte: „Bist du nicht der Malim Hanna el Englese aus Behnesse?", Antwort: „Ja." „O", sagte er, „mich hat längstens sehr verlanget, dich zu sehn und kennen zu lernen, denn Malim Michael aus Behnesse hat mir gar viel von dir erzehlt. Komm doch mit mir und bleibe über Nacht in meinem Hause." Dieser Schreiber nahmens Abeed wohnt in Mangateen, dichte bey Asieb. Zwischen beiden fließt der Bahher oder Stroom Josepf durch und sind ein paar schöne Dörffer, liegen grade gegenüber Samalut, dieses am Nil und jene, wie gesagt, am Bahher Jusepfs. Ich ging mit Abeed nach seinem Hause und da wir hin kamen, fand ich meinen Freund den Cummus Girgis aus Samalut daselbst und noch 4 andere coptische Priester aus Abe, Berdenoha, und Klossonne. Der Cummus Girgis freute sich wie ein Kind, da er mich sahe. Der von Klossonne bewies sich auch sehr liebreich gegen mich und sagte: „Unser alter Cummus Michael hat dich sehr lieb und mir viel Gutes von dir erzehlt. Ich freue mich, daß ich dich auch kennen lerne, und bitte, wenn du nach Klossonne kömst, mich zu besuchen." Ich krigte diesen Mann nahmens Geer Alla sehr lieb, denn er hatte einen schönen Blick und gab der Lehre von der Versöhnung Jesu und daß man als ein armer Sünder ohne allen Verdienst und Würdigkeit durchs Verdienst Christi gerecht und selig werden müße, in aller Gegenwart von ganzem Herzen Beyfal. Die übrigen 3 Cassies aber wunderten sich, daß man auch ein Christ ohne Fasten sein könne, und ich hatte hierüber viele Fragen zu beantworten. Unser lieber Herr und Heyland aber gibt mir in dieser Sache immer mehr Gnade und Einsicht, um mich zu verantworten, und zwar aus ihren eigenen festgesetzten Prinsipia[sic; = Prinzipien], wovon sie aber selber weder den Sinn noch die Kraft verstehen. Die Copten haben zum Exempel dies Wort, daß die Liebe größer und mehr ist als alles Fasten und Beten, als ein sehr festgesetztes und algemeines Wort unter sich. Und dieses ist mir ein gar schöner Text in allen meinen Verantwortungen über die Fasten. Da sage ich ihnen aus Gottes Wort (denn sie laßen die Heilige Schrift gelten): „Wer seinen Bruder nicht lieb hat, den er siehet, wie kan der Gott lieb haben, den er nicht siehet?" (denn die Copten haben gar wenige Liebe untereinander, dies bekennen sie auch). „Also seid ihr keine Kinder Gottes", sage ich, „denn Gott ist die Liebe. Und ihr sehet daraus, daß all euer Fasten und viele Beten mit dem Mund die Liebe nicht zuwege bringt, denn sonst müstet ihr sie ja wohl haben." [durchgestrichen:)] Da fragte mich einer dieser Priester (so wie es dann mehr geschehen ist), wie es dann doch wohl käme, daß ihr Volck so lieblos wäre, und wie man dann zu der wahren Liebe käme. Ich sagte: „Die Uhrsache, warum euer Volck den Heyland nicht lieb hat und folglich auch keine Liebe untereinander haben kan, ist diese: Weil sie ihre Seligkeit auf ihre gute Werke gründen und Fremde vom Verdienst Jesu bleiben. Und wenn sie euch ihre Sünden bekennen, so legt ihr ihnen eine regelmäßige Bürde auf, wenn sie diese getragen haben, so freuen sie sich ihres eigenen Tuns und denken, nun ist das Alte alles abgebüst, und sündigen wieder aufs neue darauf los. Wenn aber der Heilige Geist einmal Seelen unter euch erwecken wird, die da einsehen, daß sie bey all ihren Werken Sclaven der Sünde und des Teuffels sind, [durchgestrichen: beheger] begehren aber von Herzen davon erlöset zu werden, und geben dem Heyland die Ehre und kommen so zu Ihm wie sie sind, denen wird Er Seine Liebe zu schmecken geben, indem Er sie von ihren Sünden in Seinem Blut rein waschet und um Seines bittern Leidens und Sterbens willen ihre Schulden zudeckt, umsonst." „Dies ist", fuhr ich fort, „die erste Quelle der Liebe, die in uns zu unserm Schöpfer entspringt und die sich, je mehr der Heilige Geist Seinen Tod und Leiden und deßen Uhrsach unseren Herzen verklärt, immer mehr in uns vermehret. An solchen Leuten würdet ihr dann auch die Frucht der Liebe zu ihren Mitmenschen täthig sehen ausüben." „O", sagten sie, „Gott gebe uns doch balde solche Menschen." Ich bat ihnen, daß sie den Anfang machen und andern mit guten Exempeln vorgehen möchten. Abeed war ein guter Weltmann, blieb aber nicht ungerührt. Er brach gegen die Priester sehr eyferig[= eifrig] in Worten aus und sagte: „Eure ganze Sache sind Fabeln." Ich aber trat ins Mittel und bat ihn, nicht dabey anzufangen, sondern sich zum Heyland zu wenden und seine eigene Seele suchen zu retten. Ich wurde noch in einem coptischen Hause in diesem Dorff bekant, wo ich auch gefühlige Zeugniße vom lieben Heyland ablegen konnte. Es war mir wohl in diesem Ort und ich blieb 2 Tage da und dankte dem lieben Heyland für diese Bekantschaft, insonderheit freute ich mich sehr, da Abeed mir sagte, daß Bruder Michael, wenn er in seinen Geschäften unter den dortigen Arabern sey, vor beständig in seinem Hause logiere, und mich dahero bat, wenn Michael da sey, sie fleißig zu besuchen.

Den 4. April begleitete mich der Cummus Girgis aus Samalut auf meiner Zurückreise bis nach dem Dorff Sake, allwo ich den coptischen Schreiber Stefanus und seinen Meister besuchte. Ich wurde sehr liebreich empfangen und bewirtet. Dieses Stefani Meister nahmens Sulieb wohnt mit seinen Kindern und Kindeskindern, seinen 3 Brüdern und deren Kinder und Kindeskinder, zusammen 75 Seelen, in einem Hause. Es sind gute weltehrliche Leute und sind sehr gastfrey[= gastfreundlich] und thun den Armen viel Gutes, weiter aber war ihnen auch mit dem Evangelio nicht beyzukommen. Außer 2 jungen Männern, einer nahmens Abd Alla, der mich ein paar mahl in Behnesse besucht hat, und der andere nahmens Sulieb, diese hörten gerne vom lieben Heyland und sagten: „Wir glauben deinen Worten, daß uns unsere gute Werke nichts helfen, denn unser Herz hat doch die Welt und die Sünde lieb, daher wollen wir den Heyland bitten, daß Er uns ein neues Herz geben wolle, und gedenke auch du unserer vor Ihm." Stefanus war zimlich gleichgültig und ich konnte nichts thun, als den lieben Heyland für ihn bitten. Ich blieb 2 Tage da. Der mehr erwehnte Silberschmidt Habieb aus Klossonne, welcher von seinem Ort nach einem arabischen Dorff ohnweit Sake gezogen war, hatte gehört, daß ich da sey, und kam hin, mich aufzusuchen. Da er mich sahe, weinte er und sagte: „Solange du von mir gewesen bist, habe ich dich noch keine Stunde vergeßen, und ich bitte den Heyland, daß Er sich meiner erbarmen wolle." Er war sehr nackent und ich hatte großes Mitleiden mit ihm und pries ihm den Freund der Sünder an.

Den 6. April ging ich wieder nach Behnesse und fand meinen Hauswirt Hatsje Hanna krank. Er freute sich sehr, da ich ihn besuchte, und alle Worte, die ich ihm von seinem Erlöser sagte, wollte er mir wie aus dem Munde aufeßen. „O Bruder", sagte er, „wie wunderbar sind doch des Herrn Wege, wo liegt dein Land und wo liegt Behnesse in der Welt, daß dich der Heyland zu mir schickt, um mich mit Ihm bekant zu machen?"

Den 7. April besuchte mich Hanna Sayk und brachte 2 Männer, einen aus Abe und einen aus Bibbe mit sich. Ich pries ihnen die Liebe ihres Schöpfers an. Der von Abe hörte atent[= attent, aufmerksam] zu, der von Bibbe aber war so vol von ihrem Mare Girgis, daß kein Wort vom Heyland Platz bey ihm fand.

Den 9. April besuchte ich den Hatsje Hanna wieder, allein ich fand, daß ihn seitdem ein Pfaffe unter Händen gehabt hatte, und er wolte nun nicht mehr durchs Verdienst Jesu, sondern durch Fasten und Beten selig werden, und so fand ichs durchgängig diese Tage, daß, je länger die strenge Fasten wärt, je confuser werden die armen Menschen, und es ist in Wahrheit als wenn der Satan in solchen Zeiten eine besondere Macht über sie hätte. Ich weine, bete, danke, was endlich werden wil. Es ist mir oft schwer und ich fühle wohl, daß des Feindes Wille wär, mich abzuschrecken, allein ich halte mich als ein armes schwaches Kind, das sich selber nichts zutrauet, an unsern lieben Herrn, deßen Wunderhand mich, Er wird wohl wißen warum, hierher gefürt hat.

Den 10. lies ich mein erstes Brodt von neuem Weitzen backen, denn bis daher hatte ich beständig Dorra oder Welschkornbrot gegeßen, jetz hat nun die Hungersnoht der armen Leute vor das mal ein Ende, denn jetz haben sie Brot die Fülle. Allein, da eine Trübsal über ist, so kömt eine andere wieder. Jetz drohet uns der Krieg und wir sitzen hier zwischen 2 Armeen mitten drinne. Mahumet Beg kömt mit einer Armee aus Oberegypten und die Armee des Ali Begs kömt aus Cairo, beide sind uns schon sehr nahe.

Den 12. April fing ich die selige Leidensgeschigte[sic; = Geschichte] unsers Herrn und Heylandes an zu lesen und continuirte damit die folgende Tage. Ich kan nicht beschreiben, was mein armes Herz bey der Betrachtung von meines Schöpfers Marter und Tod genoßen hat. Es waren für mich selige Menschsohnstage. Und O, wie bat ich Ihn bey diesem seligen Genuß, daß Er sich doch auch der armen Copten erbarmen und ihnen diese Seine große Liebe zu kosten geben wolle.

Den 14. besuchte ich in etlichen Häusern, aber es schien, als ob all mein Wort und Zeugnis von Jesu blutiger Versöhnung an den hartnäckigen Copten umsonst sey. Dies brachte mich in eine besondere Verlegenheit wegen meines Postens. Ich sagte und klagte es dem lieben Heyland und schlug mir eine Losung auf, die hieß: „Aus dem Kleinsten sollen tausend werden und aus dem Geringsten ein mächtig Volck. Ich, der Herr, wil solches zu seiner Zeit eilend ausrichten. Darum du Gottesfüll, bleib schon in deiner Still, bete, weine, danke, was weiter werden will, wie sich das Creuzgeschenke noch vermehren soll bis die Summa voll." Ich kan nicht sagen, wie ich durch diese Worte getröstet und aufgemuntert wurde, und konte mich so ganz kindlich in die Hand meines guten Herrn überlaßen.

Den 15. April und die folgende Tage [durchgestrichen: Tage] besuchte ich fleißig meinen Freund, den Cummus Ibrahim, welcher krank war. Ich redete fleißig mit ihm von der großen Geschigte, die wir in diesen Tagen auf eine besondere Weise mit der ganzen Christenheit betrachteten, und sagte: „Wenn doch auch ihr einmahl zum Besinnen kämet und bedenken möchtet, was es dann zu bedeuten habe, daß unser Gott und Schöpfer sich so hat martern laßen, wahrhaftig gestorben ist und all Sein Blut vergoßen hat. O, wenn ihr hierüber doch nur ein mahl eine halbe Stunde ernstlich denken möchtet, so würdet ihr gewiß inne werden, daß ihr mit euren Werken den Himmel nicht einnehmen könnet, sondern daß ein ander Lösegeld für euch hat müßen bezahlt werden." Er hörte es würklich gerne und seufzte immer unter meinen Worten: „Herr Jesu, nim mich in deinem Reich auf." Aber ach, wenn sie wieder gesund werden, so erstickens doch wieder unter den Fabeln.

Den 16. April passierte die Armee aus Cairo hier vorbey, in welcher sich 9 Begs befanden. Die Armee des Mahumet Begs ist schon in Minje eingerückt und sind einander nun sehr nahe. Ich continuirte diesen Abend ungestört mit Lesung der Leidensgeschigte Jesu und da ich an die Worte kam, wo unser Herr seinen Jüngern befolen hat, sich untereinander die Füße zu waschen, wusch ich mir auch meine Füße in einem gar seligen Gefühl Seiner nahen Gegenwart. Es war mir würklich, als ob ich in einer Gemeine gewesen war.

Den 17. April kam mein lieber Bruder Michael zu Hause. Er besuchte mich gleich. Wir fielen einander um den Hals und weinten beide vor Freuden, einander wieder zu sehen. Er hatte sich eine zeitlang in der cairinischen Armee aufhalten müßen, wo er vielerley durchpaßieren müßen, ist aber in allen Umständen als ein Sünder beim lieben Heyland geblieben. Er erzehlte mir auch, daß er wärend seines Aufenthalts in Bennschweyf nicht ohne Segen seinem Schwiegervater und noch einem anderen Copten etwas vom lieben Heyland gesagt habe. Diesen Abend wünschte ich mir, nur 2 oder 3 Stunden bey meinen lieben Brüdern Hocker und Antes in Cairo sein zu können, um mich mit ihnen am Mahl des Herrn zu erlaben, allein so muste mein lieber Heyland mein Verlangen durch Seine liebe Nähe stillen und das that Er auch.

Den 18. April früh stoßen die 2 Armeen zwischen Samalut und Minje zusamen, und man erwartete heute eine große Schlagt[sic; = Schlacht], allein der Scheft von der cairinischen Armee ging mit noch 2 Begs und ein Großtheil Truppen zu Mahumet Beg über und so musten die übrigen 6 Begs aus Cairo mit dem Überrest ihrer Truppen die Flucht nehmen und ein Großtheil ihrer Pagage im Stiche laßen. Und beide Parteyen paßierten den Weg nach Cairo heute hier vorbey. Alle Menschen waren in großer Angst und Furcht. Es wolte mich auch eine Angst anwandeln, weil es aber just Charfreytag war und ich mich in der Betrachtung der Marter Gottes weidete, so bat ich den lieben Heyland, mich doch aller Noht der Erden zu versiegeln und meine Seele Schritt vor Schritt mit sich in Seine Leidens- und Todesliturgien zu nehmen. Mein lieber Heyland erhörte mich und ich hatte ungestört einen gar seligen Tag. Die folgende Tage aber lagen mir meine lieben Brüder Hocker und Antes sehr schwer auf mein Herz, unser lieber Herr aber, den ich um ihre Bewahrung fleißig anflehete, tröstete mich auch in diesem Kummer und ließ mich glauben, daß Er sie wohl bewahren wolle.

Den 19. April als am Großen Sabat besuchte ich den Bruder Michael und fand ihn die Leidensgeschigte Jesu lesend und freute mich sehr, da ich vernahm, daß ihm der heilige Geist diese große Geschigte immer mehr aufschliest und seinem Herzen niesbarer[= nutzbringender] macht. Er konte mir nicht genug bezeugen, wie groß und wigtig[sic; = wichtig] ihm diese Tage waren. „Denn“, sagte er, „ich weiß, daß meine Brüder jetz sehr gesegnete Zeit haben, und weil ich aus Gnaden doch zu euch gehöre, so segnet mich der Heyland auch mit euch.“ Diesen Abend hatte ich in Geistesgemeinschaft mit meinen Chorverwandten einen gar seligen Abendsegen beim Grabe Jesu.

Am Ostermorgen, den 20. April, betete ich die Osterliturgie und lase die Geschigte der Auferstehung. Unser auferstandener Herr und Heyland war mir dabey so nahe, daß mein Herz und Augen in tausend Tränen vor Ihm zerfloßen. Die folgende Tage fing ich wieder an, so wie vorher, mir alle Tage ein oder ein paar Reden des seligen Jüngers zu meiner Erbauung zu lesen und halte fleißig vor unsern lieben HErrn Singstunden und Liturgien.

Den 22. April da sich nun keine von Ali Begs Soldaten in hiesiger Gegend befinden, so fingen die Araber heute hier bey Behnesse ihr altes Handwerk wieder an, nemlich Leute auf der Straße anzufallen und auszuplündern. Ein Scheg aus Behnesse aber that mit etliche Manschaft Ausfal gegen die Räuber und überwand sie. Etliche derselben wurden durch Flintenschüße sehr verwundet und 2 brachte der Scheg gefangen mit. Ach, wie wünschten alle Leute und ich mit ihnen, daß doch Gott unseren Ali Beg erhalten wolle.

Den 25. April ging ich mit den Copten nach ihrer Kirche, weil heute ihr Charfreytag war, und blieb da bis den 27. Ich lies sie ihren betrübten Gottesdienst in der Kirche vor sich machen und hielt mich beständig im Vorhof auf, wo ich Gelegenheit hatte, manchen Seelen ein Wort von Jesu Tod und Leiden zu sagen. Allein sie waren jetz noch zu voll von ihrer heiligen Fasten. Bruder Michael hielt sich auch die meiste Zeit bey mir im Vorhof auf und wir verbrachten unsere Zeit selig miteinander. Hanna Sayk aber machte fleißig in der Kirche mit und war nachher so tot in seinem Herzen wie ein Stück Holz, welches ich mit großen Schmerzen wahrnahm, und wenn mich nicht der liebe Heyland tröstete, so stünde ichs nicht aus.

Den 28. April erzehlte mir Bruder Michael, daß er sich vor ein paar Tagen bey einem ihrer Cummusse gemeldet und denselben gebeten habe, ihm doch das Abendmahl zu reichen, der Cummus habe gesagt: „Ja, aber du must zuvor beichten und die gesetzten Regeln der Buße durchpaßieren." „Beichten wil ich dir", habe Michael gesagt, „aber mit den Cerimonien, die nicht Gottes-, sondern Menschensatzungen sind, und wodurch weder ich noch sonst jemand etwas abbüßen kan, wil ich nichts zu thun haben. Christus hat für mich gebüßet und hat mir aus Gnaden den Glauben geschenkt, daß Seine Genugthuung auch für mich geschehn ist. Wilstu mir auf diesen Glauben das Abendmahl reichen, so belohne dich Gott, denn mich hungert und dürstet nach Jesu Leib und Blut." Worauf der Cummus gesagt habe: „Dir geschehe wie du glaubest", und habe es ihm gereicht. Es war mir recht wohl bey Michaels Erklärung über das Abendmahl. „Aber ach", sagte er, „möchte ich dasselbe doch mit Kindern Gottes können halten, wo es rein und lauter gehalten wird." Auch besuchte mich heute Hanna Sayk und bekennete mir mit weinenden Augen, daß er sich vom Heyland entfremdet fühle. „Ach", sagte er, „wer erlöset mich aus dieser abgöttischen Kirche? Wenn ich deine Worte höre, so lebet mein Herz, und wenn ich in meinen Hause allein bin und bitte den Heyland, daß Er sich meiner erbarmen sol, so fühle ich, daß Er mir nahe ist. Geh ich aber in der Kirche, so verlier ich alles und kan mich darnach in 3 oder 4 Tagen nicht wieder raffen. Gehe ich nicht in der Kirche, so werden die Priester böse auf mich (denn er ist ein großer Meister unter ihnen im Lesen, sowohl coptisch als arabisch)." Ich bat ihn, die Uhrsache seiner Entfremdung vom Heyland doch nicht allein in seiner Kirche, sondern hauptsäglich[sic; = hauptsächlich] in sich selber zu suchen. „Denn vieleigt[sic; = vielleicht]", sagte ich, „gefälst du dir selber, wenn dich die Leute loben, daß du so schön vorlesen kanst, und dies kan der Heyland nicht leiden, sondern Er entzieht sich uns, damit wir sehn, wer wir ohne Ihn sind." Und er gestund mirs, daß es dabey ihm saß. Ich wies ihn zum lieben Heyland und bat ihn, sich doch dem, der ihn mit Seinem Blut so teuer bezahlt hat, ganz hinzugeben. Es lag mir diese Tage, da nun der Copten ihre Fasten vorbey war, auch gar sehr an, um ein mahl wieder in hiesiger Gegend einen Besuch zu thun. Allein man hörte täglich hier herum von nichts als von Stehlen, Plündern und Morden und alle Menschen riethen mir, doch ja in Behnesse zu bleiben, bis sich die Umstände änderten. Und ich fand auch, wenn ich mit dem lieben Heyland darüber redete, keine Freudigkeit, mich hinaus zu wagen.

Den 29. April und die folgende Tage hatte ich vielen Besuch von Copten hier aus Behnesse, deren etliche mich von ihrem Fastbrödtel mit [durchgestrichen: h] brachten, woraus ich doch ihre Liebe gegen mich wahrnahm. Ich unterließ nicht, ihnen den vor ihre Sünden gestorbenen und wieder vom Tode erstandenen Gott und Heyland anzupreisen. Etliche von ihnen sagten: „Könten wir nur die Fasten fahren laßen, so würden wir sein wie du, denn du hast gewiß Christum lieber denn wir." Ich sagte: „Wenn ihr die Fasten fahren ließet, das würde euch noch nicht zu andern Menschen machen, sondern wenn ihr ein Gefühl davon ins Herz kriegen möchtet, wie lieb euer Schöpfer euch hat, daß Er Sein Blut für euch vergoßen, um euch von Sünde, Tod, Teufel und Hölle zu erlösen, das würde euch zu ganz andern Menschen machen. Denn das Reich Gottes ist nicht Eßen und Trincken, sondern Gerechtigkeit, Friede und Freude im Heiligen Geist." Ich kan wohl sagen, daß viele nicht ungefühlich blieben, aber ach, möchte ich doch auch ein mahl Früchte von meinen Zeugniß sehn. Bey Michael Hanna Sayk und dem Cummus Ibrahim muste ich in ihre Osterfeiertage beständig speisen.

Den 1. Mai kam Abd el Melak von Cairo zu Hause und brachte mir von meinen lieben Brüder Hocker und Antes erfreuliche Briefe mit. Auch schickte mir Bruder Hocker die an mich bei ihm eingelaufene Briefe von den lieben Brüdern der Unitaets Aeltesten Conferenz und der Missions Deputation wie auch die wöchentliche Nachrichten von No. 27 bis No. 46 1771 mit. O, wie viele Schaam, Dank und Freudentränen rollten bey Lesung der Briefe über meine Wangen. Ich fühlte das theilnehmende Herz meiner lieben Geschwister und o, wie flehe ich den lieben Heyland, daß doch ihr sehnlicher Wunsch, um balde viele arme Copten mit uns in Jesu Leiden weiden zu sehen, in die Erfüllung gehen möge. In denen wöchentlichen Nachrichten that ich mir auch etliche Tage was Rechtes für mein armes Herz zu gute. O, dies können sich keine Geschwister vorstellen, als die es erfahren haben, was das vor eine Freude ist vor so einen Einsamen, wie ich hier bin, wenn man so was von seinen lieben Geschwistern aus der Gemeine erhält.

Den 3. Mai waren Michael, Abd el Melak und Hanna Sayk bei mir und ich nahm besonders an Abd el Melak wahr, daß ihm sein Besuch bey unseren Brüdern zeit[= seit] seinem Aufenthalt in Cairo nicht ungesegnet geblieben ist. Er brachte gute Eindrücke von ihnen mit, wo er an Michael und Hanna gefühliche Zeugniße ablegte. Sie waren aber alle 3 darauf gefallen, ob es nicht möglich sey, daß sie ihre Kirche verlaßen und wir sie ganz in unsere Pflege nehmen könten. Ich aber bat sie, doch ja solche Gedanken nicht Platz bey sich finden zu laßen, und sagte: „Ist es euer ganzer Sinn, daß ihr ein ganzes Eigenthum Jesu werden wolt, Ihn, der euch geliebet und sich selbst für euch dargegeben hat, von ganzen Herzen wieder zulieben und euren Mitmenschen ein guter Geruch Christi zu werden, so müßet ihr treue Leute in eurer Religion bleiben.", wobey ich ihnen das Exempel unsers lieben Heylandes, wie Er in seiner elenden Religion bis an Sein Ende geblieben ist, anpries. Auch übersetzte ich ihnen bei der Gelegenheit etwas aus denen vorgestern er[durchgestrichen: hla]haltenen Briefen, welches eben von der Materie handelte, und richtete zugleich die Grüße meiner lieben

Brüder an sie aus. Sie freuten sich würklich wie die Kinder und sagten: „Wir wollen deinen Rath und Worten von ganzem Herzen folgen." Ibrahim aber, Michaels Bruder, hat uns verlaßen und die Sünde wieder lieb gewonnen.

Den 4. Mai und die folgende Tage fing hier durch den mehr erwehnten Sulieb, mit dem ich aus Oberegypten hierher gereiset bin, der Lästergeist wieder sehr an zu wüten. Dieser armer Mann ist ein rechtes Instrument des Satans. Gott erbarme sich seiner. Weil aber Bruder Michael just in diesen Tagen zu Hause war, so durfte er sich nicht so sehr aus seiner Festung wagen.

Den 5. Mai kam ein großes Corps Araber, welches mit der Armee des Mahumet Begs nach Cairo gezogen war, hier durch und kehrte wieder nach ihre Wohnplätze zurück und brachten uns die gewiße Nachricht mit, daß Ali Beg geflüchtet und Mahumet Beg in Cairo eingerückt sey. Mein einiger Trost bey dieser Nachricht war, daß Gott weiter siehet wie wir. Und empfahl Ihm nur besonders bey diesen Umständen meine lieben Brüder Hocker und Antes. Des Raubens und Plünderns wurde indes hier herum täglich mehr und es konten keine Leute ohne Caravane und mit gut Gewehr versehen von einem Dorff [durchgestrichen: v] zum andern gehn.

Den 9. Mai ging ein Expresser von hier nach Cairo, mit welchem ich an meine lieben Brüder schrieb, weil mich von Herzen verlangte zu wißen, wies ihnen ging.

Den 12. Mai aber kam der Bothe ganz nackend wieder zurück, denn die Araber hatten ihm alles, auch sogar die Briefe, abgenommen. Bruder Michael hatte auch einen gar hübschen Brief an Bruder Hocker geschrieben, worinnen er unter anderem sehr bat, daß Bruder Hocker, wenn er an die lieben Brüder in unserm Lande schrieb, dieselben doch sehr von ihm grüßen und ihn ihnen ins Andenken vor dem lieben Heyland empfehlen wolle, welches ich nun hiermit thue, weil wie gesagt, alle Briefe verloren sind. Ich machte mir übrigens diese Tage fleißig ins Arabische zu thun und schrieb mir insbesondere unsere von Bruder Hocker ins Arabische ‚übersetzte' [eingefügt] Kirchenlitaney ein paar mahl ab.

Den 16. Mai war mein Geist unter meinem lieben Volcke, weil es Abendmahlstag war und unser algemeiner Herr ließ mich, Seinen Elenden, auch nicht ungesegnet.

Den 20. Mai fiel es mir ganz besonders auf, daß ich mich hinaus wagen und einen Besuch thun solte. Weil ich aber doch noch Furcht bey mir fand, so fragte ich unsern lieben ‚Herrn' [eingefügt] darüber und überlies mich ganz kindlich Seinem gnädigen Willen und Er wies mich an, daß ich je eher je lieber auf einen Besuch ausgehn solte. Und so fiel auch alle mein Bedenken ganz weg und konte glauben, Er werde mich wohl bewahren.

Den 20.[sic] kam der neue Bischof aus Cairo nahmens Ad Nasius[= Athanasius?] auf seiner Kirchenvisitation hier in Behnesse an und logierte bey dem Cummus Ibrahim. Ich ging sogleich hin, ihn zu bewilkommen. Er kante mich gleich und sagte: „Ich habe dich mit noch einem Freund bey dem Matrahn oder

Erzbischof, der nach Abysinien gegangen ist, wie auch bey unserem Patriarchen gesehn, bist du nicht ein Engländer?" Antwort: „Ja, ich bin ein englischer Unterthan von Gebuhrt." Er fragte: „Was bist du und was ist deine Verrichtung hier?" Antwort: „Ich bin ein Tischler, verdiene mein Brodt mit meinen Händen und verkündige dabey den Tod Jesu." „Ich frage nicht, was du deiner Proffeßion nach bist, sondern ob du ein Geistlicher und ordiniert bist?" Antwort: „Ja, ich bin von einem Bischof zu einem Diener Jesu ordiniert." Frage: „Bist du verheurathet?" Antwort: „Nein." „Du bist ein guter Christ", sagte er, „ich habe auch schon in andern Örtern von dir gehört und wenn du hingehest und den Juden und Heiden Christum suchest bekant zu machen, so wirst du einen großen Lohn empfangen, hier aber darfst du ja den Muselmännern nicht predigen und wir Copten glauben ja an Christum. Und wenn du darum hier kömst, Copten aus ihrer Religion zu der deinen überzuholen, so thust du nicht recht, denn siehest du nicht, wie viel Copten die Francken in ihrer Kirche ziehn, aber was sind sie dadurch gebeßert?" Ich sagte: „Du kanst versichert sein, daß meine Intention nicht ist, eine Seele aus deiner Kirche zu ziehn, sondern meine Freude würde nur diese sein, wenn ich tausende Copten sehn möchte, die ihren Gott und Heyland, der sie erschaffen und mit Seinem Blut so theuer erkauft hat, recht lieb kriegen möchten. Diese wolte ich darnach recht herzlich bitten, daß sie treue Leute in ihrer Kirche bleiben und dem Herrn Christo unter ihren Volcke ein nützliches Salz werden möchten." „Und", fuhr ich fort, „in Ansehung, daß du sagst, die Copten glauben an Christo, so wil ich doch nicht hoffen, daß du Menschen, die noch in der Sünde leben, für Kinder Gottes paßieren laßest." (denn wer wahrhaftig an Christum glaubt, das ist [durchgestrichen: ist] ein Kind Gottes) „Nein", sagte er, „wer Christum lieb hat, der meidet die Sünde und hält Seine Gebote." „Nun", sagte ich, „so wirstu es mir auch nicht verdenken, wenn ich mich meiner armen Mitchristen, die in der Sünde herum irren, jammern laße, sie von dem Wege des Verderbens zurückzuziehen und sie mit dem bekant zu machen suche, der Sein Blut für sie vergoßen hat." „Nein", sagte er, „ich verdenke dir nicht, sondern du thust ein gutes Werk, denn es steht geschrieben: ‚Wer seinen Bruder siehet irren und bringet denselben zurechte, der hat sich und seinen Bruder gewonnen.'" Sodann kam er auf die Fasten und nachdem ich mich hierüber auf eben die Weise, wie schon mehrmahls in meinem Diarium erwehnt ist, erklärt hatte, so sagte der Bischof zu allen umstehenden Copten: „Wenn ihr von Früh bis in die Nacht alle Tage fastet und betet und alle gute Werke thut und habt die Liebe Christi nicht, so hilft euch alles nichts." Sodann fragte er, was ich von den 2 Naturen in Christo hielt. Und da ich mich hierüber so, wie schon mehrmahls erwehnt, mit einfältigem Herzen erklärte, war er sehr wohl damit zufrieden. Endlich kam er auf die Taufe und Abendmahl und fragte nur eigentlich nach den aeusern[sic; = äußeren] Cerimonien. Ich sagte: „An denen in der Christenheit so unterschiedenen Cerimonien ist Gott nicht gebunden, sondern es kömt alles auf einen einfältigen und kindlichen Glauben an.", worauf er zu mir sagte: „Dein Nahme ist geschrieben im Buche des ewigen Lebens“, und er ließ mich nicht gehn, sondern ich muste zum Abendeßen bei ihm bleiben.

Den 23. Mai ließ er mich wieder zu sich ruffen, und da ich hin kam, so fand ich, daß er sich durch andere hatte gegen mich einnehmen laßen. Doch empfing er mich freundlich und sagte: „Ich glaube, wie ich dir schon gestern gesagt habe, daß du ein Kind Gottes bist und dein Nahme im Buche des ewigen Lebens steht. Wir finden aber, daß du in einigen Stücken unserer Kirchenverfaßung entgegen bist, denn du hältst nichts vom Fasten und Anbetung der Heiligen, und wil dir dahero sagen, daß, so wie ich nicht von dir verlange, daß du dich zu unserer Verfaßung bekennen solt, du auch niemand mehr von den unsern predigen mögest und ihn zu deiner Verfaßung zu überreden suchest.“ Ich sagte: „So wie ich mich gestern gegen dich erklärt habe, dabei bleibe ich. Ich preise den Seelen weder Engel- noch Menschenverfaßung, sondern Gottes Erbarmung an. Und wer nicht aus purer Erbarmung Gottes selig werden wil, der geht verloren, er sey auch, wer er sei. Paulus, der große und gelehrte Apostel, achtet alles für Schaden, auf daß er Christum gewinnen und in Ihm erfunden werden möchte. Und auch ich, durch Gottes Gnaden, weiß, so wie Paulus, und wil auch sonst nichts wißen, als Jesum in Seiner niedrigen Creuzesgestalt, denn darin habe ich Leben und Seligkeit gefunden. Und diesen Jesum und sonst nichts wil ich den Menschen predigen bis in den Tod. Und wil mans an einem Ort nicht hören und heist mich weggehn, so geh ich zum andern.“, worauf Bruder Michael, der auch dabey war, sagte: „Recht, Bruder Hanna, Gott erhalte dich und schenke viel tausend Copten deinen Glauben ins Herz.“ Der Cummus Ibrahim, der auch vor dem Bischof stund, sagte zu ihm: „Du kanst versichert sein, Abuna (oder Vater), daß unser Bruder Hanna niemand das Fasten oder sonst etwas von unsern Kirchenverfaßungen, suchet verdächtig zu machen. Der dir das gesagt hat, hat dir nicht nach der Wahrheit berichtet, sondern er redet von nichts als von dem gecreuzigten Heyland und wenn er von unserem Ort weg ist, so ists, als ob der Heyland auch weg wär.“, worauf mich der Bischof sehr freundlich ansahe und sagte: „Ich sehe doch, daß sie dich nicht alle haßen, sondern, daß hier doch auch noch Leute sind, die dich lieb haben. Ich habe dich auch lieb und wil dir nichts vorschreiben, sondern handele du nach deinem Glauben.“ Ich muste heute sowohl zu Mittag als auch abends bey ihm speisen. Es hatten ihm die Copten gesagt, daß ich ein Instrument hätte, womit man ohne Tinte schreiben konte, nemlich einen Bleistift, da bat er mich, ihm doch denselben zu zeigen, und da er mit eigener Hand ohne Tinte damit schreiben konte, wunderte er sich sehr. Ich machte ihm ein Present damit, worüber er sich sehr freute, und bat mich, ihn doch ja in Cairo zu besuchen. Ich merkte aber wohl, daß er, da er wußte, daß ich ein Tischler war, ein Stück Arbeit als ein Present von mir erwartete [am linken Rand: ‚?‘; wahrscheinl. von anderer Hand].

Den 24. Mai ließ mich der Bischof in aller Früh wieder zu sich bitten und da ich hin kam, sagte er: „Wie kanst du es übers Herz bringen, daß du mich so lange allein läßest, denn wenn du nicht hier bist, so ists als fehlte mir was.“ Ich war jetz der erste Mann bei ihm, dürfte ihm den ganzen Tag nicht von der Seite gehn, und er redete von nichts mit mir denn vom lieben Heyland. Und wenn jemand vom Fasten oder sonst was anfangen wolte zu reden, (denn es waren etliche Copten, die sich drüber aergerten, daß mich der Bischof so schön that) so sagte er ihm kurz weg: „Halts Maul", und zu mir sagte er unter anderem: „Weißt du, Bruder, wie geschrieben steht: „Dies Volck nahet sich zu mir mit ihren Lippen, aber ihr Herz ist ferne von mir"? Dies kan man wohl mit Wahrheit von den Copten sagen." Meinen Glauben aber pries er vor jedermann. Ich merkte aber wohl, daß ihm die armen Copten nicht Geld genug gegeben hatten [am linken Rand: ‚?'; wahrscheinl. von anderer Hand]. Unterdeßen dankte ich dem lieben Heyland, daß er mich hatte bei ihm Gnade finden laßen umsonst. Nach dem Abendeßen nahmen wir gar freundlichen Abschied voneinander, weil er des andern Tages mit seiner Geselschaft nach Norden, nemlich den Weg nach Cairo, und ich, wils Gott, nach Süden den Weg nach Sam[a]lut auf einen Besuch ausgehn wolte.

Weil ich Gelegenheit habe, mein Diarium vom 28. Januari bis den 24. Mai 1772 zu expidieren, so empfehle mich und meinen oft sehr drückenden Pilgerposten allen meinen herzlich geliebten Geschwistern in ihrem besonderen Gebet und Andenken vor unsern algemeinen Herrn und Heyland, auf deßen blutige Marter und Tod ich bin und bleibe euer verbundener armer Bruder

Johann H. Danck[e]

Behnesse in Mittelegypten
den 5. Juli 1772.

[*in anderer Handschrift:*] Nota. Bey diesem Diario ist zu mercken, daß aus Ermangelung einer diesjährigen Losung Bruder Danke nicht gewußt hat, daß dieses Jahr ein Schaltjahr ist, und daher vom 1. Mertz an, welches eigentlich der 29. Februar gewesen ist, alle Tage eine Zahl früher muß gesetzet werden.

[25.5.1772-24.9.1772][9]

Montag, den 25. May ging ich der Gnade unseres HErrn Jesu Xsti [= Christi], dem Schutz des lieben himlischen Vaters und der Leitung des heiligen Geistes empfohlen früh morgens auf meinen Besuch von Behnesse ab. Ich miethete mir einen Esel und ritt an dem Canal Josef hinauf bis nach dem Dorfe Sake. Hier kehrte ich bey der mehrerwehnten sulibischen großen Familie[= Familie des Sulib] ein und wurde sehr liebreich empfangen. Bis hieher hatte ich einen Araber mitgenommen, den ich wieder nach Behnesse zurück gehen ließ. Es war ein Aga oder Unterofficier mit seinen Soldaten aus Cairo in Sulibs Hause und man bat

9 Bruder Danckens Diarium von seinem Besuch in Behnesse und dortiger Gegend vom 25. Mai bis 20. Julius 1772.

mich, daß ich mich ein wenig inne halten möchte, damit mich der Aga nicht zu sehen krigte, denn sie fürchteten, daß er mich hart anfahren und fragen möchte, was ich hier zu schaffen hätte. Es währte aber keine halbe Stunde, so sahe er mich und rief mich zu sich. Er fragte mich: „Was bist du?" Antwort: „Ich bin ein Tischler, arbeite in Cairo auf meiner Profeßion und dabey predige ‚ich' [eingefügt] unter den Copten das Reich Gottes." Frage: „Was bist Du vor ein Landsman?" Antwort: „Ich bin ein Unterthan des Königs von Engelland.", worauf er mir seine Hand reichte und hieß mich niedersitzen. Er nahm seine Tabakspfeife aus dem Mund und reichte mir dieselbe mit den Worten: „Du bist unser Freund und es wäre sehr gut, wenn alle Copten deinen Glauben annehmen wolten.", worauf er den Sulib und seine Hausleute fragte, ob sie mich schon vorher gekannt hätten, Antwort: „Ja." „Warum werdet ihr denn nicht auch so wie dieser Malim?", sagte er, „denn die Engelländer sind wahrhaftige Leute, ihr Ja ist Ja und ihr Nein ist Nein. Ihr Copten aber seyd ein falsches Volck, mit dem Munde redet ihr süß, aber euer Herz ist bitter." Und noch mit vielen andern Worten verachtete er die Lehre der Copten und rieth ihnen, doch ja meiner Lehre zu folgen. Ich fand aber weder unter dieser großen Familie, noch sonst in diesem Dorff geöfnete Ohren für das Wort der Versöhnung. Ich blieb 2 Tage da und muste beständig mit dem Aga eßen und trincken. Bey meinem diesmaligen Besuch will ich nach Anleitung unseres lieben Bruders Petri Brief vom 13. November 1771 an mich alle Orte, wo ich jezo Bekantschaft habe und besuchen gehe, ein wenig deutlicher beschreiben. Dieses Dorf Sake liegt 3 Stunden von Behnesse nach Süden dichte an dem Canal Joseph gegen Abend. Grade gegenüber nach Morgen liegt ein ander Dorf ebenfals dichte am Canal. Die Gegend ist sehr fruchtbar. Die meisten Einwohner [durchgestrichen: aber] in beyden Orten sind Araber. Man kan aber die Xsten [= Christen] in ihrer ganzen Lebensart nicht von den Arabern unterscheiden. Nur daß die Xsten [= Christen] noch viel finsterer in ihrem Gesicht aussehen denn jene. Zwischen Behneße und hier liegen noch ein paar kleine Dörfer und verschiedene Arabische Hütten und Zelte ebenfals dichte am Canal, haben aber nicht so fruchtbares Land als diese.

Den 27. Mai ging ich weiter am Canal hinauf bis Mangateen, welches 2 ½ Stunde von Sake an der Morgenseite des Canals liegt, zwischen beyden wohnen auch viele Araber an beyden Seiten des Canals; die gegen Abend haben sehr mageres, aber die gegen Abend [unterstrichen; ‚Morgen' darübergeschrieben] sehr fruchtbares Land. Grade gegenüber Mangateen auf der andern Seite des Canals gegen Abend liegt das Dorf Asieb, wo ein großer arabischer Schech wohnt, dem viel 1000 Araber unterworfen sind. Das Land um beyde Dörfer herum ist sehr fruchtbar. Ich kehrte in Mangateen bey mehrerwehnten coptischen Schreiber Abeed ein, wo ich unsern Bruder Michael aus Behnesse antraf. Wir freuten uns miteinander wie die Kinder, und unser lieber Heyland bekannte sich zu uns, wobey Abeed nicht ungefühlig blieb. Auch besuchte ich hier noch einen Copten nahmens Hanna, den ich bey meinem vorigen Besuch hatte kennen lernen. Er und sein ganzes Haus freuten sich sehr, da sie mich wieder sahen und ich fand, daß sie noch nicht vergeßen hatten, was ich ihnen das vorige mal von dem Versöhner ihrer Sünde gesagt hatte.

Den 28. Mai ging ich mit Abeed über den Canal nach Asieb, um seinen Herrn, den arabischen Schech, zu grüßen. Denn Abeed sagte mir, daß es gut wäre, wenn ich zu ihm ginge, damit er mich kennen lerne, auf daß nicht etwa falsche Menschen dem Schech Lügen von mir erzehlen und mich aus seiner Gegend zu vertreiben suchen möchten. Der Schech empfing mich sehr freundlich und fragte: „Was ist deine Verrichtung hier?“ Ich sagte: „Ich suche den Copten den Weg des Friedens und der Seeligkeit bekannt zu machen.“ Frage: „Womit nehrst[sic; = nährst, ernährst] Du Dich denn?“ Antwort: „Ich bin ein Tischler und verdiene mir dasjenige in Cairo, wovon ich hier untern Copten lebe.“ „Das ist sehr resonabel [sic; = engl. reasonable; = annehmbar, sinnvoll]“, sagte der Schech, „so sind wir hier zu Lande nicht, denn wir suchen nur in dieser Welt was vor uns zu bringen.“ Er fragte, ob wir in unserm Lande auch fasteten, so wie die Copten? Ich sagte: „Du weißt, Schech el Arab, daß ich ein Christ bin, und kan dir dahero sagen, was wir von Christo lehren und glauben. Wir lehren und glauben, daß Christus vor uns gestorben ist und für unsere Sünde genug gethan hat, und daß ein Mensch, der dieses wahrhaftig glaubt, die Sünde und alle Ungerechtigkeit meidet, Gott von ganzem Herzen und aus allen Kräften und seinen Nächsten als sich selbst lieb hat und seelig ist, hier zeitlich und dort ewiglich. Und ein solcher Mensch glaubet, daß alle Christen, die Gott geschaffen hat, gut und heilig sind und genießet ohne Unterschied alles mit Danksagung.“ Der Schech hörte mir mit vielem Vergnügen zu und sagte: „Solche Christen habe ich noch nicht gesehen, ihr komt gewiß in den Himmel, die Copten aber fahren zur Hölle um ihrer Fasten willen, denn sie wollen Gott betriegen[sic; = betrügen] und sagen: „Wir fasten heute!“ und eßen doch Brot, Linsen, Bohnenöhl und dergleichen, als ob nicht Öhl und Butter, Fisch, Rind und Schaffleisch ein Gott geschaffen hätte.“ Hierauf ließ er das Frühstück bringen und ich muste mit ihm aus einer Schüßel eßen. Nach dem Frühstück wolte ich Abschied von ihm nehmen, er aber ließ mich nicht gehen, sondern muste den ganzen Tag bey ihm bleiben und er ließ ein gar schönes Mittagseßen machen. Es war heute Himmelfahrtstag, darum suchte ich mir nachmittags eine Hö[h]le im Felde, wo ich allein seyn konnte, und las die seelige Geschigte dieses Tages. Es war mir dabey nicht anders, als ob ich unter den Jüngern des HErrn zu Bethania wäre und betete Ihn mit ihnen auf meinem Angesicht an, es war dieses für mich eine gar seelige Stunde. Abends nahm ich von dem Schech Abschied und er entließ mich gar freundlich mit den Worten, daß ich ihn wieder besuchen möchte. Es ist dieser Schech ein gar verständiger und Menschen liebender Mann, sein Nahme ist Hatje Hamse. Hatje heißt er, weil er in Mecca gewesen ist. Denn Hatje heißt ein Pilger und Hatjaan ein Bote.

Den 29. Mai ging ich nach Samalut, welches 1 ½ Stunden südost von Mangateen dichte am Nil gegen Abend liegt, hier ist das Land zwischen dem Nil und dem Canal Joseph am allerengsten, aber sehr fruchtbar. Denn von hier zieht sich der Nil sowohl hinauf als hinunterwärts starck nach Osten so wie auch der Canal Joseph nach Westen, so daß zwischen Behnesse und dem mehrerwehnten Dorfe Abou Girge, wo ein schöner Haven im Nil ist, das Land zwischen dem Nil und dem Canal Joseph 4 gute Stunden breit ist und ist dieser ganze Bezirck sowohl in der Mitte als auch und am allermeisten am Nil sehr starck bewohnet, so daß man alle 4tel und 1/2 Stunde von einem Dorf zum andern kommen kan. Die Zahl der Araber ist in allen Dörfern mehr denn die Zahl der Xsten [= Christen]. Es gibt auch einige Dörfer wo gar keine Xsten [= Christen] wohnen. Es gibt aber keine Dörfer, wo keine Araber wohnen, außer einigen kleinen Oertern, die man von Alters her Clöster nennt, wo aber die meisten Einwohner Pfaffen sind, die Weiber haben, denn Mönche giebts in dieser Gegend gar nicht (diese wohnen, außer in und um Cairo, wo sich einige dergleichen Clöster befinden, meistens in den Bergen). In Samalut war ich dieses mahl meistens mit Pfaffen umgeben, die von früh bis in die Nacht besoffen waren. Sie schwärmen in den Häusern herum und verführen die armen Menschen durch ihr Gaugelspiel. Ich kans nicht anders nennen, denn sie sind wahre Gaugelspieler des Satans. Denn hat irgendwo eine Seele ein Wörtgen ins Herz gekrigt, so ersticken es diese Schwärmergeister wieder durch ihre heilose abgöttische Fablen und der Seelenfeind wirckt mit ihnen und verblendet die armen Menschen so, daß sie einen Wohlgefallen daran haben, denn dabey können sie in der Sünde bleiben. Ich will hier zum Exempel einige Cassus[= Fälle] anführen (denn ich lerne sie jezo immer mehr kennen). Wenn sie an einem Menschen einen unruhigen Gedanken wahrnehmen oder wenn einer eine besondre Kranckheit hat, so sagen sie: „Der Teufel ist in ihn gefahren." Da stellen sie eine 2 oder 3 stündige Fasten an, dann nehmen sie den Menschen und legen ihn auf die Erde hin, machen ein langes Gebet über ihn, bestreichen ihn mit Öhl, hauchen ihm mit ihrem Othen [= Odem, Atem] in den Mund, damit empfüht[sic; = empfängt] er den heiligen Geist wieder und die Fasten stellen sie darum ein, weil diese Art von Geister nicht anders als durch Fasten und Beten kan ausgetrieben werden. Hat jemand eine Sünde begangen, über welche sie Bedencken haben, daß dieselbe bey der großen Absolution, die gegen Ostern ist, möchte vergeßen werden, so binden sie ihm ein Band über die Schulter und unter dem Arm durch, damit übergeben sie ihm dem Satan, daß das Fleisch gezüchtiget werde, darnach über 2 oder 3 Tage lösen sie ihn wieder und beten ihm vor, was der Heyland zu seinen Jüngern sagte: „Alles was ihr auf Erden binden werdet, das soll p[era]p[era]" Und je mehr diese Arbeit vorkommt, je mehr freuen sich die Pfaffen. O, welch einen drückenden Schmerz fühle ich über den jämmerlichen Zustand der Copten in meinem Herzen und ich kan nicht leugnen, daß mir oft der Gedancke aufsteigt, daß es fast unmöglich ist, daß Kinder Gottes in dieser verfallenen Religion aufkommen und viel weniger in derselben erhalten werden können. Denn sie mißbrauchen, verdrehen und verfälschen die ganze heilige Schrifft. In Lamsaas, welches eine halbe Stunde von Samalut südost weiter am Nil hinauf liegt, wolte mich niemand kennen und hatten keine Lust, ein Wort von ihrem Schöpfer und Erlöser anzuhören.

Den 1. Juni ging ich nach Klossonne, welches eine Stunde nach Norden von Samalut ebenfals gegen Abend dichte am Nil liegt. Es ist ein großes Dorf und hat sehr fruchtbares Land, insonderheit wachsen hier sehr viele Datteln. Hier in Klossonne war zeit meinem lezten Besuch ein Clostermünch, der in diesem Dorf geboren ist und der vor einen sehr Heiligen paßirt, unter den Leuten gewesen und hatte ihnen gesagt, einen Xsten [= Christen], der keine Fasten statuirt, er möchte auch vom Heyland reden, was er wolte, solte man steinigen. Ich konte hier keine Herberge finden, endlich aber nahm mich ein alter coptischer Schulmeister auf, dem ich aber sehr theuer vor mein bisgen[sic; = bisschen] Eßen bezahlen muste. Ich saß den ganzen Tag bey den Kindern in der Schule und erzehlte ihnen Jesu Menschwerdung, Leben, Leiden und Tod mit warmem Herzen. Einige derselben krigten mich sehr lieb und wünschten, daß ich ihr Schulmeister seyn möchte. Der alte gute Cummus Michael kam mich besuchen und klagte über die Bosheit der Menschen. „Hätte ich ein Haus“, sagte er, „du soltest für keine Herberge sorgen, so aber muß ich selber bey andern Leuten herumkriechen.“ Der Cassies Gees Allah hieselbst besuchte mich auch und war sehr freundlich, aber ich traute ihm doch nicht recht. Des andern Tages, da ich eben ganz alleine saß, sehr betrübt war und dem lieben Heyland meine Noth klagte, kam ein Mann nahmens Abt Sigd (das heist Knecht des HErrn) zu mir, grüßte mich sehr freundlich und nöthigte mich in sein Haus. Ich ging mit ihm und erlabte mich würcklich bey ihm nach Seel und Leib. Er sagte: „Ich bin ein Mensch, der das Reich Gottes sucht, und unter dem ganzen Coptischen Volck ist weder Glaube noch Liebe.“ Ich bat ihn sich um s[eine]r eigenen Seelen Seeligkeit recht zu bekümmern, und dieselbe in nichts als in Jesu Blut und Tod zu suchen. Er sagte: „Ich verwahrhaftige alle deine Worte, und wenn du wieder hieher komst, so weißt du dein Haus.“

Den 3. Juni ging ich nach Bendensa, welches 2 Stunden von Klossonne Nordwest, 3 Stunden von Samalut und 3 Stunden vom Behnesse recht in der Mitte zwischen dem Nil und dem Canal Joseph im Lande liegt. Hier blieb ich eine Nacht, fand aber mit dem Evangelio keinen Eingang.

Den 4. Juni ging ich wieder auf den Weg und kehrte bey einem vornehmen Araber, mit welchem ich einmal auf dem Nil gereist bin, ein. Der Araber freuete sich über meinen Besuch wie ein Kind, erwies mir viele Liebe und ich muste absolut eine Nacht bey ihm bleiben.

Den 5. Juni ging ich nach Abutsje, welches gerade gegenüber Behnesse ostwärts im Lande liegt. Hier wolte ich den Jüngling Auwaad besuchen, fand ihn aber nicht zu Hause. Ich redete aber in seines Vaters Hause von dem Versöhner unsrer Sünde mit warmem Herzen und Auwaad seine Mutter hörte vor allen andern sehr andächtig zu. In Ielf, welches dichte daneben liegt, sprach ich einen Zimmermann, dem ich mit dem Worte der Versöhnung willkommen zu seyn schien. Gegen Abend ging ich nach Abce, welches 3 Stunden von Behnesse nordost zwischen dem Nil und dem Canal Joseph im Lande liegt. Es ist ein großes Dorf und eine sehr fruchtbare Gegend. Es wachsen auch besonders viele Datteln hier. Ich kehrte bey Joseph und seinen Brüdern ein, die mich sehr liebreich empfingen und bewirtheten, sagten auch zu allem, was ich ihnen vom lieben Heyland sagte, ja, aber ihre Herzen sind noch tot. Und konnte hier auch weiter noch keine Bekantschafft finden.

Den 6. Juni kehrte ich wieder nach Behnesse zurück, wo ich gegen Abend von unserm lieben HErrn nach Leib und Seel wohl bewahrt glücklich ankam, wovor ich Ihm Abends in meinem Kämmerlein auf den Knien danckte.

Den 7. Juni als am Feste Gottes, des werthen heiligen Geistes, fiel ich früh vor unsrer lieben Kirchenmutter, dem Heiligen Geist, auf mein Angesicht nieder, weinte um Absolution über meinen Ungehorsam und Untreue, wie noch bekannt und schon vergeßen, und übergab mich aufs neue Seiner göttlichen Pflege und Leitung. Ich kan nicht beschreiben, wie wahr und kräftig diese treue Gottesperson sich zu mir armen Sünder bekannte. Nachher hatte ich gar geseegnete Unterredungen mit Michael und Abt el Melak, Hanna Sayke aber hat sich wieder zurückschrecken laßen, doch ist mir vor ihn nicht bange, denn er ist unruhig.

Den 12. Juni hörte ich, daß mein Freund der coptische Schreiber Abeed in Mangateen gestern als am 11.ten Junius aus dieser Zeit in die Ewigkeit geschieden sey. Villeicht habe ich ihm ein Wörtgen sagen müßen, das ihm noch in seiner lezten Stunde gedient hat, um seine Zuflucht zu Jesu dem großen Erbarmer zu nehmen, und unser lieber Heyland hat ja gesagt: „Wer seine geringsten Brüder einen kalten Trunck Waßer reicht, es soll ihm nicht unbelohnt bleiben." Und Abeed hat mir [korrigiert aus ‚mich'], weil er mich vor ein Kind Gottes hielt, mehr denn einen Trunck Waßer gereicht. Es ist mir hierbey gar artig, denn just in der Nacht zwischen dem 10.ten und 11.ten träumte mir, daß ich jemand meine Hand auf sein Haupt legte und ihn zu seinem Heimgang einsegne, wobey ich den Vers „Wenn dein Mund wird erbleichen p[era]p[era]" so laut sung, daß ich darüber erwachte.

Den 13. Juni als am Abendmahlstage sahe unser allgemeiner HErr und Heyland mein Gebet und Thränen auf eine besonders gnädige Weise an und ich hatte einen unbeschreiblich seeligen Besuch von Ihm, welches mich ganz von neuem wieder aufrichtete.

Den 15 Juni ging nach langer Zeit einmal wieder ein Copte nach Cairo, mit welchem ich an meine lieben Brüder Hocker und Antes schrieb. Ich hatte großes Verlangen, mit diesem Copten zu reisen, um mich wieder einmal bey meinen Brüdern zu erquicken. Mein lieber HErr aber war nicht davor, sondern sahs lieber, daß ich noch hier bliebe *. Ey und so bat ich meinen guten HErrn, mir durch Seine liebe Nähe zu ersetzen, was ich entbehren muß, und Er thats auch.

Den 16. Juni kam Bruder Michael mit den Soltaden[= Soldaten] von Benessuef und zog den andern Tag mit ihnen nach Süden unter die Araber. Wir waren einen halben Tag recht vergnügt beysammen und Abends speiste ich mit ihm in seines Vaters Hause. Er erzehlte mir auch viel Erfreuliches von seinem Schwiegervater aus Behnessuef und daß denselben sehr verlange, mich zu sehen. Dieser Mann, nemlich Michaels Schwiegervater nahmens Iuhanna, ist der oberste Schreiber und Landesrechnungsführer in dieser ganzen Gegend und ist bey den Türken sowol als auch bey den Xsten [= Christen] ein sehr legitimierter Mann und man erwartet ihn jezo täglich mit dem Cashef hier in Behnesse.

Den 17. Juni war der Copten ihr Engelfest. Da sie nemlich glauben, daß der Engel Michael in der Nacht vor dem Fest vom Himmel kommt und mit einem Tropfen Waßer den Nil seegnet, denn sagen sie: „Just so, wie ein guter Sauerteig den Teig aufgehen macht, so macht der Tropfen, womit der Engel den Nil seegnet, denselben so hoch steigen." Gar viele supperstitiöse [= engl. superstitious = abergläubische] Sachen werden in derselben Nacht unter den Copten getrieben.

Den 19. Juni machte mir mein lieber Hanna Sayke einen rechten Freudentag mit seinem Besuch, denn ich war etliche Tage her seinetwegen recht verlegen gewesen, legte ihn aber unverrückt dem treuen Heyland an Sein durchstochenes Herz. Heute kam er zu mir, hatte einen gar leichten Blick und sagte: „Ich habe dich nicht gemieden, weil die gottlosen Leute allerhand von dir reden, sondern aus Unruhe meines Herzens, denn meine Sünden, die ich meine Lebetage begangen habe, sind sehr groß und haben schwer auf mir gelegen, ich habe aber Tag und Nacht zum Heyland um Erbarmung geschriehen, und bin nun über alles von Ihm getröstet worden, denn gestern Abend war Er mir so nahe, als sähe ich Ihn nackt und bloß am Creutze voll Blut und Wunden vor meinen Augen hangen, wovon mein Herz so hingenommen ist, daß ich oft nicht weiß, ob ich noch hier bin, oder ob ich schon bey Ihm bin", bey welcher Erzehlung er viele Thränen vergoß. Ich weinte vor Freuden mit ihm und bat ihn, von nun an an diesem seinem gekreuzigten HErrn und Heyland als ein Sünder hangen zu bleiben und sich immer so elend und arm, wie er sich fühle und kenne, zu Ihm zu wenden. Er war über 2 Stunden bey mir und erzehlte mir seinen ganzen Lebenslauf. Zuletzt kam Abt el Melak auch dazu, welchen des Hanna sein Gesicht sehr frappirte, und das war mir eine Gelegenheit auch mit ihm, da Hanna weg war, eine gründliche Unterredung zu halten und ihm zu rathen, sich doch auch mit nichts zu befriedigen, bis er der Vergebung s[eine]r Sünden in Jesu Blut gewiß sey.

Den 21. Juni besuchte mich der mehrgedachte Silberschmiedt aus Bibbe und sagte, er habe mich, seitdem er mich das erstemal gesehen, nicht vergeßen können. Ich rieth ihm aufs neue an, seine Seeligkeit nicht bey den verstorbenen Heiligen, noch in sonst etwas, sondern bey dem zu suchen, der Sein Blut für ihn und der ganzen Welt Sünde vergoßen habe. Es liefen ihm die Thränen über die Wangen und sagte: „Ich glaube gewiß, daß alles, was wir außer Jesu vernehmen, um seelig zu werden, lauter Lügen sind", und fing an, über ihre Cassies und Priester loszuziehen, daß die die Menschen so verführten. Ich aber sagte: „Thue das nicht, denn unser Heyland sagt: „Wie kan ein Blinder dem andern den Weg weisen?“ Ist dir es aufgedeckt, daß du nicht seelig bist, danke Gott dafür und suche deine eigene Seele zu retten.“ Er bedanckte sich gar sehr und nahm freundlich Abschied.

Den 28. Juni schickte gedachter Aga aus dem Dorfe Sake einen Boten zu mir und ließ mir sagen, daß ich doch zu ihm kommen möchte. Ich durfte es nicht abschlagen, wiewohl ich über allerley dachte und nicht wußte, was es zu bedeuten habe, sondern empfahl mich dem lieben Heyland und machte mich sogleich mit dem Boten auf den Weg. Da ich aber hinkam, empfing mich der Aga sehr freundlich und sagte: „Weil du mich von dir selber nicht besuchst, so muß ich dich holen laßen, denn ich habe dich lieb und laße dich nun in 3 Wochen nicht wieder gehen, denn in Behnesse zehrst du ja vor dein Geld und hier kanst du umsonst leben.“ Ich sagte: „Ich bin beschämt, mein Herr, über deine Liebe und dancke dir. Aber aus den 3 Wochen wollen wir 3 Tage machen, denn wenn ich an einem Ort, ohne etwas vorzunehmen, so lange stille sitze, werde ich krank. In Behnesse aber habe ich meine Sachen und weiß mir meine Zeit immer gut zu nutze zu machen.“ „Ich will dich nicht binden“, sagte er, „sondern du sol[s]t deinen freyen Willen haben.“ Ich blieb denn 3 Tage bey ihm, in welcher Zeit er mir viele Liebe erwies. So oft nur Copten gegenwärtig waren, konnte er es nicht laßen, von ihrer und meiner Religion zu reden, insonderheit war er ihren Fasten sehr Feind. Ich aber trat immer ins Mittel und sagte: „Es ist beßer, daß ein jeder nach seiner Erkenntniß handelt.“ Er aber sagte: „Die Copten haben gar keine Erkenntniß, sondern sie sind ärger wie die wilden Tiere, denn alle Speisen, die Gott geschaffen hat, sind gut, daß sie aber dieselben nicht genießen dürfen, dadurch zeigen sie an, daß sie in ihrem Inwendigen böse sind.“ Ein Copte, der sehr böse auf mich war, sagte zu einem anderen: „Einen solchen Xsten [= Christen] wie den Engelländer, der sich nicht zu unsern Fasten bekennen will, sollte man töten.“ Der Aga aber hörte es und wolte diesen Copten gleich prügeln laßen. Ich aber wehrte es. Er aber sagte zu dem Copten: „Seyd versichert, so jemand an diesem oder an einem andern Ort die Hände an diesen Engelländer legte, daß ich mit meinen Soldaten alle Copten umbringen und so weit ich reichen kan, alle eure Kirchen zerstören wil.“ Auch hatte der Aga dem Schech el Bellet oder Bauren Schutz aus Klossonne mit noch 7 andern alle 8 Mahamedaner, welche Unterschleif gemacht hatten, von dem, was der Obrigkeit zukommt, in Ketten schließen laßen. Deren jeder am ersten Tage meines Daseyns 200 Prügel mit dicken Corbatshen unter die Fußsolen krigte. Das war das erste Gericht von der Art, das ich hier gesehen habe. Es ist fürchterlich anzusehen. Sie wurden auf den Bauch hingeschmißen, die Hände ausgestreckt und gebunden die Füße, wurden in dem Stock gespannt und in die Höhe gezogen, sodann waren 4 Kerls, die die prügeln musten, 2 und 2 lößten einander ab. Da es vorbey war, konnte keiner von ihnen weder gehen noch stehen, und man nahm sie und schmiß sie wie Hunde wieder in ein Loch dahin. Des andern Morgens solten sie wieder aufs neue geprügelt werden. Durch meine Fürbitte aber blieben sie den Tag frey.

Den 29. Juni ging ich wieder nach Behnesse und danckte dem lieben Heyland, daß Er mir so bald wieder losgeholfen, und bath Ihn mich künftig vor dergleichen Invitationes [= Einladungen] in Gnaden zu bewahren. Denn es ist da kein Seegen fürs Herz zu holen.

Den 1. Juli kam ich hier in Behnesse von ohngefehr zu einem Mann nahmens Hasheb Allah, dem ich sein ewiges Heil, welches ihm durch Jesu bitter Leiden und Sterben so sauer erworben, mit warmem Herzen anpreisen konnte. Er war sehr attent und bat mich, ihn doch fleißig zu besuchen.

Den 4. Juli erhielt ich einen erstaunlichen Brief von Bruder Michael, der sich noch mit seinen Soldaten untern Arabern befindet. Er berichtete mir, daß es ihm wohl ginge und er sich täglich in der großen Sache, daß der Gott Himmels und der Erden ein armer Mensch worden und für unsre Sünden als ein Übelthäter am Creutz gehangen hat, seeliglich weide, und empfahl sich mein und meiner Brüder Gebet.

Den 5. Juli sagte mir mein Hauswirth, daß er morgen nach Cairo gehen würde, mit welcher schönen Gelegenheit ich abermal an meine Brüder nach Cairo schrieb, und gab ihm auch einen Theil meines Diarii mit.

Den 6. Juli da ich gehört hatte, daß das Dorf Abtutsje durch den Eigenthumsherrn, weil die Unterthanen nicht so viel aufbringen konnten, als sie solten, ganz zerstört und alle Einwohner verjagt wären, so ging ich heute dahin, um zu sehen, wo der Jüngling Auwaad mit seinen Eltern hingeflüchtet war. Und da ich hinkam, so waren sie noch vor dem Lärmen nach Ielf, welches dichte dabey liegt, gezogen. Sie freuten sich sehr über meinen Besuch, ich blieb eine Nacht bey ihnen und redete nicht allein zu ihnen, sondern auch zu andern, manches Wort mit warmen Herzen von dem Versöhner unser Sünde. Aber ach, wenns doch einmal haften möchte.

Den 7. Juli ging ich nach Zeis, einem sehr großen Ort. Er liegt anderthalb Stunden nordost von Ielf näher nach dem Nil zu. Es war das erste mahl, daß ich hier einen Versuch machte. Es wohnen viele, aber von allen andern sehr in der Gottlosigkeit berühmte Copten hier. Ich konnte kein Unterkommen finden, bis mich doch endl[ich] einer in seinen Viehstall wies, wo ich aber kaum einen kalten Trunck Waßer kriegen konnte. Abends kamen doch aus Neugier wohl 25 Copten in und vor dem Stall zusammen, denen ich mit Kraft anpries, daß Gott ein Mensch worden und sich vor uns gottlose Menschen so habe martern und zu Tode plagen laßen. Und sagte ihnen, ein Mensch möchte nun seyn gottlos oder fromm, wer nur nicht zu Jesu käme und ihn suchte kennen zu lernen und in Ihm alleine Leben und Seeligkeit begehrte, der ging ewig verloren. Wer aber auch zu Ihm käme, den wolte Er nicht hinausstoßen. Alles war sehr attent und der liebe Heyland war mir innig nahe, und ich sänte[sic; = ?] in Hoffnung. In der Nacht, da die Gesellschaft weg war, brachte man mir etwas zum Abendeßen und das bestand aus einer schlechten Sorte grienes Kraut mit Leinöhl zurechte gemacht und dabey ein wenig Dorra oder Welschkornbrodt. Darnach legte ich mich auf die platte Erde ein wenig zur Ruhe, denn ich hatte nichts unter mich zu legen noch wo ich mich zudecken konnte, und weil es des Nachts und insonderheit gegen Morgen sehr kühl wurde, so war ich da ich aufwachte, so steif von Verkältung, daß ich mich kaum rühren konnte, und dabey entstund ein entsetzlicher Durchfall. Ich kam in große Verlegenheit, bat aber meinen lieben Heyland, mir doch durchzuhelfen. Ich dachte, wenn ich mich in die Luft begäbe, würde sichs ändern, und ritte auf einem Esel nach Klossonne und Samalut, allein die Kranckheit nahm so zu und der Durchfall so überhand, daß ich oft dachte, ich fiel vom Esel, und muste unterwegens liegen bleiben. In Samalut lag ich 2 Tage still und erholte mich ein klein wenig. Es besuchte mich der Cumus Girges, an welchen ich den Gruß der lieben Brüder in der Unitaets Aeltesten Conferenz ausrichtete. Er bedanckte sich sehr und bat mich, daß ich die lieben Brüder doch alle herzlich wieder von ihm grüßen möchte und ihnen melden, daß er ihnen allen im Geiste die Hände küße. Und zu mir sagte er: „Ach Bruder, hättest Du nur den Leuten weiß gemacht, daß auch ihr die große Fasten vor Ostern hättet, denn die übrigen wolten so viel nicht sagen, so würden dir sehr viele Menschen zugefallen seyn. Jezo aber sind sie entsetzlich böse auf dich.“ Ich sagte: „Wenn ich die Beschneidung noch predigte, so dürfte ich die Schmach des Xzes[= Creuzes] Xsti [= Christi] nicht tragen“, worüber er so beschämt wurde, daß er sogleich stillschweigens weg ging, denn er versteht die Schrifft ein wenig. Dieser arme Mann wills gerne mit dem Heyland und mit der Welt zugleich halten. Von keinen Pfaffen unter den Copten erwarte ich mir ins künftige nicht das geringste, denn ich lerne sie und ihre Wercke itzo immer mehr kennen, sie sind ganz dahin gegeben. Der barmherzige Heyland muste dann andre Zeiten unter sie kommen laßen. Ich thue freundlich mit ihnen und laße sie übrigens gehen.

Den 8. Juli früh ging ich von Samalut und gedachte, heute nach Behnesse zu kommen. Allein unterwegens überfiel mich eine solche Schwachheit, daß ich nach dem Canal Joseph zu dem Dorfe Sake eilen muste, wo ich dann von dem mehrerwehnten alten Sulieb und seiner Familie liebreich empfangen wurde und sie thaten mir viel Gutes. Bruder Michael aus Behnesse, der just mit seinen Soldaten hier in dieser Gegend war, hatte gehört, daß ich da sey und kam sogleich hin mich besuchen. Wir unterhielten uns etliche Stunden recht seelig von unserem lieben Heyland und es war mir recht wohl bey Ihm.

Den 12. Juli kam ich sehr kranck nach Behnesse, wo ich zu meiner herzlichen Freude Briefe von meinen lieben Brüdern Hocker und Antes vor mir fand.* [am linken Rand ergänzt: ‚* worin mich Bruder Hocker herzlich bat, je eher je lieber zu ihnen zu kommen.‘] Weil ich nun hier gar keine Pflege haben konnte, so resolvirte [= gedachte, beschloss] ich sogleich nach Cairo zu meinen Brüdern zu eilen. Hanna Sayke und Abt el Melak ermahnte ich mit angethanem Herzen, doch beym gekreuzigten Jesu zu bleiben und von Tag zu Tag tiefer in Ihn zu suchen einzuwurzeln, damit doch nicht eine jede Kleinigkeit im Stande seyn könne, sie umherzutreiben. Sie versprachen mir beide mit vielen Thränen, nichts als den lieben Heyland zu suchen und zu begehren, worauf wir uns einander küßten.

Den 13. Juli machte ich mich früh auf den Weg nach dem Haven bey Abou Girge, da ich aber an den Nil kam, war kein Schif da nach Cairo und ich muste 3 Tage an dem Waßer in dem heißen Sande unter der freyen Sonne liegen bleiben. Die Krankheit sagte mir heftig zu und der Durchfall nahm so überhand, daß ich alle 1/2 Stunde zu Stuhl gehen muste, und zuletzt ging nichts als Blut von mir und so ging es auch in einem fort, bis ich nach Cario kam. Oft habe ich in 24 Stunden kaum gewußt wo ich war, nichts kam in meinen Mund, das pure Nilwaßer ich konnte auch sonst nichts haben.** [am Seitenende ergänzt: ‚** und zum Eßen hatte ich gar keinen Appetit.'] Auf dem Schif, welches ich endlich antraf und mitfuhr, fürchtete das Volck und die Passagiere alle Augenblick, daß ich sterben möchte. Meine allertreuster Heyland aber half mir alle Noth tragen, so daß ich nicht gar darunter erlag und brachte mich den 20. Julius zu meinen lieben Brüdern ins Haus. Ach, wie freute ich mich und wie wohl that es mir. Unser lieber Bruder Hocker nahm mich sogleich in seine unermüdete Pflege und Cur, in welcher ich mich auch noch heute als den 24. September, da ich mit großer Mühe dieses Diarium aufsetze (denn ich bin noch schwach), befinde. Ich kans unserm lieben Bruder Hocker nie vergelten, was er an mir erwiesen hat. Der liebe Heyland seegne und stärcke ihn aus Seinen Wunden und erhalte ihn noch lange bey Kräften. Nun, ich armer Krancker empfehle mich und meinen sehr beschwerlichen Pilgergang unter dem verkehrten und sehr verfinsterten Volck der Copten dem ganzen Volcke der Gnadenwahl in ihr besonderes Gebet und Andencken vor unserm lieben HErrn. Insonderheit empfehle ich auch die 3 arme Seelen Michael, Johanna Sayke und Abt el Melak in Behnesse, bey denen doch das Wort von der blutigen Versöhnung Jesu gehaftet hat, meinen lieben Geschwistern in ihr Gebet, auf daß der Feind seinen Rachen nicht aufsperren und sie verschlingen darf. Denn sie stehen aller Gefahr ausgesetzt und haben itzo weiter keine Pflege. Hiermit verbleibe ich aller meiner lieben Geschwister auf Jesu Blut und Tod treu verbundener Bruder Johan Heinrich Danck

ORTHODOXIE, ORIENT UND EUROPA

ISSN 1869-9057

Herausgegeben von
Martin Tamcke

Eine stets aktualisierte Liste der in dieser Reihe erscheinenden Titel finden Sie auf unserer Homepage http://www.ergon-verlag.de

Band 1
Tamcke, Martin – Manukyan, Arthur (Hrsg.)
Protestanten im Orient
2009. 209 S. Fb.
€ 48,00 978-3-89913-698-2

Band 2
Tamcke, Martin – Manukyan, Arthur (Hrsg.)
Kulturbegegnung zwischen Imagination und Realität
2010. 195 S. dt. u. engl. Txt. Fb.
€ 32,00 978-3-89913-784-2

Band 3
Manukyan, Arthur
Konstantinopel und Kairo
Die Herrnhuter Brüdergemeine im Kontakt zum Ökumenischen Patriarchat und zur Koptischen Kirche. Interkonfessionelle und interkulturelle Begegnungen im 18. Jahrhundert
2010. 431 S. Fb.
€ 68,00 978-3-89913-783-5

Band 4
Stan, Liviu
Die Laien in der Kirche
Eine historisch-kirchenrechtliche Studie zur Beteiligung der Laien an der Ausübung der Kirchengewalt
Übersetzt aus dem Rumänischen von Hermann Pitters. Herausgegeben von Stefan Tobler
2011. 633 S. Fb.
€ 85,00 978-3-89913-873-3

Band 5
Zugl. Herrnhuter Quellen zu Ägypten; Band 1
Tamcke, Martin – Manukyan, Arthur (Hrsg.)
Herrnhuter in Kairo
Die Tagebücher 1769-1783
2012. XXIV/462 S. Kt.
€ 59,00 978-3-89913-922-8

Band 6
Zugl. Herrnhuter Quellen zu Ägypten; Band 2
Tamcke, Martin – Manukyan, Arthur – Mauder, Christian (Hrsg.)
Die arabischen Briefe aus der Zeit der Herrnhuter Präsenz in Ägypten 1770–1783
2012. 158 S. Kt.
€ 28,00 978-3-89913-898-6

Band 7
Zugl. Herrnhuter Quellen zu Ägypten; Band 3
Tamcke, Martin – Weiland, Katja – Manukyan, Arthur (Hrsg.)
Die Tagebücher Johann Heinrich Danckes aus Behnesse 1770-1772
2013. 92 S. Kt.
€ 22,00 978-3-95650-008-4

ERGON VERLAG · WÜRZBURG

Zeitfracht Medien GmbH
Ferdinand-Jühlke-Straße 7
99095 Erfurt, Deutschland
produktsicherheit@kolibri360.de